FRÜHLINGSSYMPHONIE

von Jannis Ritsos

1909 – 1990

Das Gedicht wurde geschrieben in den Jahren 1937 – 1938

Griechisch / Deutsch

Übersetzt von Christian Greiff

ISBN 9783837037258
© 2009: Dr. Christian Greiff
Herstellung und Verlag: Books on Demand GmbH, Norderstedt
Erstellung: Rainer Jauns

In seiner „Geschichte der Neugriechischen Literatur"
(Romiosini Verlag, Köln 1996)
schreibt Linos Politis über Jannis Ritsos:
„Ritsos ist ein äußerst fruchtbarer Dichter und zweifellos eine
echte poetische Begabung mit viel ursprünglichem Gefühl.
Seine Gedichte sind lang, der Fluß seiner Verse ist mühelos und
üppig, aber oft unkontrolliert. Seine Inspiration bezieht er hauptsäch-
lich aus den magischen Bereichen der Kindheit und der Jugendjahre,
er schenkt uns eine Fülle frischer Bilder, seine Sprache ist gewichtig
und bedeutsam, aber gleichzeitig zart und leidenschaftlich...
Die Eindrücke und Bilder werden aneinandergereiht, gehören
aber doch nicht selten zu den reizvollsten und frischesten der
modernen Dichtung."

ΕΑΡΙΝΗ ΣΥΜΦΩΝΙΑ

I

Θ' ἀφήσω
τή λευκή χιονισμένη κορυφή
πού ζέσταινε μ' ἕνα γυμνό χαμόγελο
τήν ἀπέραντη μόνωσή μου.

Θά τινάξω ἀπ' τούς ὤμους μου
τή χρυσή τέφρα τῶν ἄστρων
καθώς τά σπουργίτια
τινάζουν τό χιόνι
ἀπ' τά φτερά τους.

Ἔτσι σεμνός ἀνθρώπινος ἀκέριος
ἔτσι πασίχαρος κι ἀθῶος
θά περάσω
κάτω ἀπ' τίς ἀνθισμένες ἀκακίες
τῶν χαδιῶν σου
καί θά ραμφίσω
τό πάμφωτο τζάμι τοῦ ἔαρος.

Θά 'μαι τό γλύκό παιδί
πού χαμογελάει στά πράγματα
καί στόν ἐαυτό του
χωρίς δισταγμό καί προφύλαξη.

Σά νά μή γνώρισα
τά χλωμά μέτωπα
τῶν χειμωνιάτικων δειλινῶν
τίς λάμπες τῶν ἄδειων σπιτιῶν

FRÜHLINGSSYMPHONIE

I

Ich werde nun
Den weißen Schneegipfel verlassen
Der mit nacktem Lächeln
Meine unermeßliche Einsamkeit erwärmte.

Ich werde von meiner Schulter werfen
Die goldene Sternenasche
So wie die Spatzen
Den Schnee abschütteln
Von ihren Flügeln.

So bescheiden und menschlich in vollem Sein
So rein und voller Freude
Werde ich unter den Akazienblüten
Deiner Zärtlichkeiten
Wandeln
Und die glänzenden Splitter des Frühlings
Aufpicken.

Ich werde das süße Kind sein
Das lächelnd erschaut die Dinge
Und sein eigenes Selbst
Ohne Zögern und Vorsicht.

Als hätte ich sie nicht erlebt
Die bleichen Gesichter
Der Winternachmittage
Die Lampen der leeren Häuser.

καί τούς μοναχικούς διαβάτες
κάτω ἀπ' τή σελήνη
τοῦ Αὐγούστου.

Ἕνα παιδί.

II

Εἶχα κλείσει τά μάτια
γιά ν' ἀτενίζω τό φῶς.

Τυφλός.
Εἶχα κάψει τή φλόγα
γιά ν' ἀναπνέω.

Τίς νύχτες
ἀφουγκραζόμουν τούς θρόους τῆς σιγῆς
κι ἡ ἀνάσα τοῦ χαμόγελου
δέ γνώριζε τή μετάνοια.

Νά δακρύζω
πάνω στά διάφανα χέρια μου
ἀπό μιά διάφανη χαρά
πού δέν ἐπιθυμεῖ.

Ὄχι θωπεία. Ὄχι ὄνειρο.
Πιό πέρα.
Ἐκεῖ πού καταλύεται τ' ὄνειρο
κι ἡ φθορά ἔχει φθαρεῖ.

Κι ἦρθες ἐσύ.

Und die einsamen Wanderer
Unter dem Mondlicht
Des August.

Ein Kind.

II

Ich hatte die Augen geschlossen
Um geradewegs ins Licht zu schauen.

Blind.
Ich hatte die Flamme verbrannt
Um zu atmen.

In den Nächten
Lauschte ich dem Rascheln des Schweigens
Und der Atem des Lächelns
Kannte keine Umkehr.

Ich möchte weinen
Auf meine durchscheinenden Hände
Aus einer durchscheinenden Freude
Die nach nichts verlangt.

Nach Zärtlichkeit nicht und nicht nach Traum.
Weit davon,
Dort wo der Traum sich auflöst
Und das Vergehen vergangen ist.

Und da kamst du.

III

Κοίταξε ἀγαπημένη
πῶς σέ κοιτάζουν
τά λυπημένα χέρια μου.

Σά δυό παιδιά ὀρφανά
πού κλαῖγαν μές στό βράδυ
χωρίς ψωμί
καί κοιμηθῆκαν τρέμοντας
πάνω στό χιόνι.
Κρύωναν μά δέν ἐπαιτοῦσαν.

Κρατοῦσαν
ἕνα λουλούδι σιωπηλό
καί παῖζαν τρυφερά κι ἀδέξια
στούς ραγισμένους δρόμους.

Ἀγαπημένη
κοίταξε πῶς διστάζουν
τά νυχτωμένα χέρια μου.

Πῶς μπορεῖ ν' ἀνοιχτεῖ
αὐτή ἡ θύρα τοῦ φωτός
γιά μένα πού δέ γνώρισα
μήτε τόν ἴσκιο μιᾶς μαρμαρυγῆς;

Στέκω ἀπ' ἔξω στό ψύχος δειλός
καί κοιτῶ τά μεγάλα παράθυρα
τά φωτισμένα ρόδα
καί τά κρύσταλλα
κι ὅλο λέω νά κινήσω νά φύγω
πρός τή γνώριμη νύχτα
κι ὅλο λέω νά 'ρθῶ
κι ὅλο στέκω
ἔξω ἀπ' τή θύρα σου.

III

Sieh Geliebte
Wie dich
Meine betrübten Hände ansehen.

Wie zwei Waisenkinder
Die zum Abend weinten
Ohne Brot
Und sich zitternd niederlegten
Auf den Schnee.
Sie froren, aber haben nicht gebettelt.

Sie hielten
Eine stumme Blume
Und spielten zart und ungeschickt
Auf der rissigen Straße.

Geliebte
Schau wie sie zögern
Meine in die Nacht geratenen Hände.

Könnte sich mir denn
Diese Tür des Lichtes öffnen
Wo ich ja nicht einmal
Den Schatten eines Funkellichtes kannte?

Ängstlich stehe ich draußen in der Kälte
Und schaue auf die großen Fenster
Die Rosen im Lichtschein
Und die Kristalle,
Und sage immer ich muß fort und fliehen
In die wohlbekannte Nacht
Und sage immer ich soll kommen
Doch dauernd bleib ich stehen
Draußen vor deiner Tür.

Μή μέ καλέσεις ἀκόμη.
Ἄς παρατείνουμε
αὐτές τίς ὥρες τίς θαμπές
τίς ὑπερπληρωμένες
πού δυό κόσμοι
ἀνταμώνονται
πού δυό βαθιές φωνές
ζυγιάζονται
πάνω σέ μιά χορδή ἀργυρή
καί μιά σταγόνα δρόσου
σκιρτᾶ καί ταλαντεύεται
στ' ἄνθος τῆς νύχτας.

Ἐδῶ θά μείνει
ἐκεῖ θά πέσει.

Ἀγαπημένη
τί προετοιμάζεται γιά μᾶς
μέσα στό βλέμμα τῶν θεῶν
πίσω ἀπ' αὐτή τή φωταψία;

IV

Βηματίζεις
μέσα στά σκονισμένα δώματά μου
μ' ἕνα πλατύ ἀνοιξιάτικο φόρεμα
πού εὐωδιάζει πράσινα φύλλα
φρεσκοπλυμένο οὐρανό
καί φτερά γλάρων
πάνω ἀπό θάλασσα πρωινή.

Μέσα στό βλέμμα σου ἠχοῦν
κάτι μικρές φυσαρμόνικες
ἀπό κεῖνες πού παίζουν

Rufe mich noch nicht.
Laß uns verlängern
Diese Stunden vor dem Aufklaren
Die übervollen
Wo zwei Welten
Aufeinandertreffen
Wo zwei tiefe Stimmen
Sich halten im Gleichgewicht
Über einer Silbersaite
Und ein Tautropfen
Aufspringt und schwankt
Auf der Blume der Nacht.

Hier wird er bleiben
Dort wird er fallen.

Geliebte
Was will sich uns bereiten
Unter den Augen der Götter
In dieser Festbeleuchtung?

IV

Du kommst geschritten
In meine verstaubten Gemächer
In einem weiten Frühlingskleid
Das grüne Blätter duften läßt,
Frischgewaschenen Himmel
Und Mövenflügel
Über dem morgenfrühen Meer.

In deinem Blick ist Widerhall
Der kleinen Mundharmonikas
Jener von fröhlichen Kindern

τά πολύ εὔθυμα παιδιά
στίς ἐαρινές ἐξοχές.

Νά
ἐδῶ εἶναι
τό ἐβένινο γραφεῖο
τοῦ προγόνου
πού 'χε πολλούς ὑπηρέτες
πολλά σκυλιά κυνηγιοῦ
καί τόν εἶχαν ἀγαπήσει
πολλές κυρίες ἄρρωστες
μέ χρυσά ματόκλαδα
καί μετάξινο δέρμα.

Ἐδῶ ἐπάνω ἔγραφα πρίν ἔρθεις
ἐπιστολές καί στίχους
γιά πεθαμένους φίλους
κάτω ἀπ' αὐτό τό κηροπήγιο
πού τό κράτησαν χέρια δακρυσμένα
σέ ἀπέραντες νύχτες ἀγρυπνίας.

Δέ νιώθεις
τήν ὠχρή παρουσία
τοῦ αἰθέρα καί τοῦ ἰωδίου
τήν πληγωμένη κραυγή
τῆς παραφροσύνης
μιά μυρωδιά βροχῆς πού πέφτει
σέ παγωμένα τζάμια ἑσπερινά
σανατορίων καί ψυχιατρείων;

Κοίταξε τίς φωτογραφίες —
ἡ πεθαμένη μητέρα
ὁ πεθαμένος ἀδελφός
κι οἱ χλωμές ἀδελφές μου
μέ τίς φεγγαρίσιες μποῦκλες
καί μ' ἕνα μακρινό χαμόγελο

In Frühlingsdörfern
Gespielten.

Sieh
Hier steht
Des Vorfahren
Schreibtisch aus Ebenholz.
Der hatte viele Diener
Viele Jagdhunde
Und es liebten ihn
Viele kranke Frauen
Mit goldenen Wimpern
Und Seidenhaut.

Hier auf dem Tisch habe ich
Bevor du kamst
Briefe und Verse geschrieben
Für gestorbene Freunde,
Unter diesem Leuchter
Den tränenfeuchte Hände hielten
In langen schlaflosen Nächten.

Spürst du nicht
Die bleiche Anwesenheit
Von Äther und Jod,
Den verletzten Schrei
Des Wahnsinns,
Den Geruch des Regens der am Abend
Auf vereiste Scheiben fällt
Von Sanatorien und Heilanstalten?

Sieh hier die Photographien -
Die gestorbene Mutter
Der gestorbene Bruder
Und meine blassen Schwestern
Mit den mondglänzenden Locken
Und einem fernen Lächeln

κρεμασμένο στή μορφή τους
καθώς ἕνα κλουβί μέ καναρίνια
κρεμασμένο σέ σπίτι φτωχικό
πού ἔχουν ὅλοι πεθάνει.

Ποῦ 'ναι ἕνας ἀχθοφόρος
νά μεταφέρει αὐτά τά ἔπιπλα
στό ὑπόγειο;

Ξεκρέμασε καί πέταξε
ἀπ' τ' ἀνοιχτό παράθυρο
τίς μελαγχολικές κορνίζες.

Ἐσύ μοῦ 'φερες
τόν καινούργιο καιρό
τό φῶς τῆς αὐγῆς
καί τό αἷμα μου.

Δέ θά περάσω στό δάχτυλό σου
τό ἀρχαῖο δαχτυλίδι τῆς μητέρας.
Μές στόν ὠχρό περουζέ του
ἀναπνέει ὁ σκελετός
τοῦ παρελθόντος.

Δέν ἁρμόζει αὐτός ὁ στίχος.

Πιασμένοι ἀπ' τό χέρι
θά κατεβοῦμε τή μαρμάρινη σκάλα
πού ἔχει φθαρεῖ ἀπ' τά βήματα
τῶν φθινοπωρινῶν σκιῶν.

Πᾶμε στούς ἀγρούς
νά φορέσουμε στά δάχτυλα
τίς παπαροῦνες καί τόν ἥλιο
καί τήν καινούργια χλόη.

Das in ihrem Gesicht hängt
Wie ein Käfig mit Kanarienvogel
Der in dem ärmlichen Hause hing
Wo sie alle gestorben.

Wo ist ein Lastenträger
Der diese Möbel wegschafft
In den Keller?

Hänge sie ab und wirf sie
Aus dem offenen Fenster
Diese düsteren Bilder.

Du bringst mir
Die neue Zeit
Das Morgenlicht
Und mein Blut.

Ich werde nicht
Den alten Ring der Mutter
Auf deinen Finger streifen.
In seinem blassen Türkis
Lebt das Skelett
Der Vergangenheit.

Dieser Vers paßt nicht.

Hand in Hand
Werden wir die Marmortreppe hinabgehen
Abgetragen von den Schritten
Der herbstlichen Schatten.

Laß uns über die Felder gehen
Die Hände voller
Mohnblüten, Sonne
Und jungem Grün.

Στά μάτια σου δέ λιμνάζει
μήτ' ἕνας κόκκος ἴσκιου.

Νά ὁ ἥλιος πού τρέχει
μέσα στά δάση.
Δέν ἔχουμε ἀργήσει.

V

Ἡ κωδωνοκρουσία τοῦ φωτός
μᾶς ὑποδέχεται
στό ξανθό ἀκροθαλάσσι.

Ἡ αὐγή περνάει στήν ἀμμουδιά
βρέχοντας μόλις τά γυμνά της πέλματα
στό χρυσό κύμα.

Μιά νέα κοπέλα
ἄνοιξε τό παράθυρο
καί χαμογέλασε στή θάλασσα.
Ἔκλεισε τά μάτια της στό φῶς
γιά ν' ἀτενίσει βαθιά της
τήν ὑπόκωφη λάμψη
τοῦ χαμογέλιου της.

Ἄκου τά σήμαντρα
τῶν ἐξοχικῶν ἐκκλησιῶν.
Φτάνουν ἀπό πολύ μακριά
ἀπό πολύ βαθιά.
Ἀπ' τά χείλη τῶν παιδιῶν
ἀπ' τήν ἄγνοια τῶν χελιδονιῶν
ἀπ' τίς ἄσπρες αὐλές τῆς Κυριακῆς
ἀπ' τ' ἀγιοκλήματα καί τούς περιστεριῶνες
τῶν ταπεινῶν σπιτιῶν.

In deinen Augen sammelt sich
Kein Körnchen Schatten.

Da die Sonne, sie läuft
Durch den Wald.
Wir kommen nicht zu spät.

V

Das Glockengeläut des Lichts
Empfängt uns
Am goldblonden Strand.

Der Morgen zieht die Küste entlang
Kaum benetzend seine nackten Sohlen
An der goldenen Welle.

Ein junges Mädchen
Öffnete das Fenster
Und lächelte zum Meer,
Schloß die Augen vor dem Licht
Um sich zu vertiefen
In das Lächeln
Des Meeresleuchtens.

Hör die Glöckchen
Der ländlichen Kapellen
Die uns aus großer Ferne
Und Tiefe erreichen.
Von den Lippen der Kinder
Von der Unwissenheit der Schwalben
Von den weißen sonntäglichen Höfen
Vom Geißblatt und vom Taubenschlag
Der bescheidenen Häuser.

Ἄκου τά σήμαντρα
τῶν ἐαρινῶν ἐκκλησιῶν.
Εἶναι οἱ ἐκκλησίες
πού δέ γνώρισαν τή σταύρωση
καί τήν ἀνάσταση.

Γνώρισαν μόνο τίς εἰκόνες
τοῦ Δωδεκαετοῦς
πού 'χε μιά μάνα τρυφερή
πού τόν περίμενε τά βράδια στό κατώφλι
ἕναν πατέρα εἰρηνικό πού εὐώδιαζε χωράφι
πού 'χε στά μάτια του τό μήνυμα
τῆς ἐπερχόμενης Μαγδαληνῆς.

Χριστέ μου
τί θά 'τανε ἡ πορεία σου
δίχως τή σμύρνα καί τό νάρδο
στά σκονισμένα πόδια σου;

Μακριά, μακριά
μ' ἕνα γλαυκό χαμόγελο
κοιτοῦσες
τόν οὐρανό
ἐνῶ τά μύρα τῶν σταχυῶν
καί τά βήματα τῶν γυναικῶν
γελοῦσαν
μπρός στό παράθυρό σου.

Ἀγαπημένη
κόβοντας χαμομήλια
καί βλέποντας τή θάλασσα
θά ξαναποῦμε
τήν παιδική μας δέηση
μαζί μέ τά πουλιά καί μέ τά φύλλα.

Κι ἀπό βαθιά κι ἀπό μακριά τά σήμαντρα
τῶν παιδικῶν ἐκκλησιῶν

Hör die Glöckchen
Der Kapellen des Frühlings.
Es sind die Kapellen
Die Kreuzigung
Und Auferstehen nicht kennen.

Sie kennen nur die Bilder
Des Zwölfjährigen
Der eine zärtliche Mutter hatte
Die ihn abends an der Schwelle erwartete,
Einen friedlichen Vater mit Geruch nach Erde,
Und in Jesu Augen glänzte die Kunde
Daß Magdalena kommen würde.

Mein Jesus
Was wäre dein Weg gewesen
Ohne die Myrrhe und die Narde
Für deine staubigen Füße?

Fern, fern
Mit einem Lächeln himmelblau
Sahest du
Den Himmel
Während die Essenzen der Kräuter
Und die Schritte der Frauen
Lachten
Vor deinem Fenster.

Geliebte
Wir werden Kamillen pflücken
Und das Meer ansehen
Und wieder sprechen
Unser kindliches Gebet
Zusammen mit den Vögeln und den Blättern.

Und aus der Tiefe und aus der Ferne
Werden die Glocken der kindlichen Kapellen

θά τραγουδοῦν τό τραγούδι
τῆς τρυφερῆς Ναζαρέτ
πάνω ἀπ' τούς πράσινους κάμπους.

VI

'Αγαπημένη
δέν ἔχω παρά μόνο μιᾶς στιγμῆς
τή ζωή καί τό φτερούγισμα.

Δέ βλέπεις
πάνω στό δέρμα μου
τό πρωτάνοιχτο θάμβος;

Δέν ἀκοῦς
μές στίς ἶνες μου
μύρια φτερά μικρῶν κορυδαλλῶν
πού μόλις τ' ἄγγιξε
ἡ πρώτη ἀκτίνα
τῆς αὐγῆς;

Πόσο εἶμαι νέος.
Πόσο εἶμαι νέος
κάτω ἀπ' τά βλέφαρά σου.

Τά πολυτρίχια
τῶν ἀρχαίων πηγῶν
πού συναθροίζουν τ' ἀργυρά τους δάκρυα
σέ γαλανούς καθρέφτες οὐρανοῦ
κοιμοῦνται πίσω ἀπ' τά μάτια μου
πού σέ βλέπουν.

Καμιά διάσπαση.
Ἡ μνήμη τῶν ἀποχαιρετισμῶν
δέ ρυτιδώνει τά χέρια μου
πού ὄρθρισαν μέσα στά χέρια σου.

Singen das Lied
Vom zärtlichen Nazareth
Über die grünen Felder hin.

VI

Geliebte
Erst seit einem Augenblick
Habe ich das Leben und die Schwingen.

Siehst du nicht
Auf meiner Haut
Das ganz helle Glänzen?

Hörst du nicht
In meinen Fasern
Tausend Flügel kleiner Lerchen
Die gerade erst
Der frühe Morgenstrahl
Berührte?

Wie bin ich jung.
Wie bin ich jung
Unter deinen Lidern.

Die Farne
Der alten Quellen
Die ihre silbernen Tränen sammeln
In blauen Spiegeln des Himmels,
Sie liegen hinter meinen Augen
Wenn sie zu dir sehen.

Keine Trennung.
Die Erinnerung an die Abschiede
Gräbt sich nicht in meine Hände
Die sich aufrichten zwischen deinen Händen.

Γεύομαι στά χείλη σου
τήν πρασινάδα τῆς ἐξοχῆς
καί τούς θρύλους τῆς θάλασσας.
Ἡ ζέστα τοῦ κορμιοῦ σου
μέ ντύνει τόν ἥλιο.

Σφράγισε τίς χαραματιές
τῶν παραθύρων.

Οἱ στοχασμοί κι οἱ στίχοι
μακραίνουν μές στή νύχτα
κι ἐμεῖς ἀπ' τήν κλίνη μας
μόλις ἀκοῦμε τίς φωνές τους
σάν ὁμιλίες μεθυσμένων
πού ἀποτείνονται στή σκιά τους
καί στή λυμφατική σελήνη.

Τό φῶς τῶν ἡγεμονικῶν μαλλιῶν σου
σκεπάζει τούς ὤμους τῆς νύχτας.

Βυθίζονται τ' ἄστρα
στούς βυθούς τῶν ματιῶν σου
κι ἀνθίζουμε ἐμεῖς
ἔμπιστοι κι ὡραῖοι
καθώς τά πλάσματα
τήν πρώτη ἡμέρα τοῦ Θεοῦ
πού δέν εἶχαν ρωτήσει κι ἀπορήσει.

VII

Τί ζέστα.
Δέν ἀκούγεται πιά
τό βῆμα τοῦ αἰώνιου ἐπαίτη
ἔξω στούς παγωμένους δρόμους.

Ich schmecke an deinen Lippen
Das ländliche Grün
Und die Sagen des Meeres.
Die Wärme deines Körpers
Kleidet mich mit Sonne.

Verschließe die Spalten
Der Fenster.

Die Gedanken und die Verse
Werden länger in der Nacht
Und wir, von unserem Lager,
Wir hören ihre Stimmen
Nur wie Gespräche Betrunkener
Die sich an ihren Schatten wenden
Und an den blassen Mond.

Das Licht deiner königlichen Haare
Bedeckt die Schultern der Nacht.

Es versinken die Sterne
In den Tiefen deiner Augen
Und wir erblühen
Vertrauend und schön
Wie die Geschöpfe
Am ersten Tage Gottes
Die nicht fragten und nicht zweifelten.

VII

Welche Wärme.
Man hört nicht mehr
Den Schritt des ewig Bettelnden
Draußen auf den eisigen Straßen.

Ὦ ἐσύ δέν ἄκουσες ποτέ
αὐτό τό κούφιο βῆμα
τό βαθύ κι ἀπέραντο
γι' αὐτό τά χέρια σου εἶναι
τόσο ζεστά.

Ὁ τυφλός γέρος πού περνοῦσε
σκυμμένος κάτω ἀπ' τή βροχή
παίζοντας μέ κοκαλιασμένα δάχτυλα
τή φυσαρμόνικα τῆς νύχτας
πέθανε.

Ποῦ τόν ἔθαψαν;
δέ ρωτοῦμε.
Δέ γνωρίζουμε τίποτα.
Ὑπάρχουμε.
Τό παρελθόν ἀνύπαρκτο.
Τό μέλλον ἀνυποψίαστο.
Παρόντες
μές στήν πλήρη στιγμή
μές στήν αἰωνιότητα.

Ἀλήθεια
εἶχα μιά γιαγιά.
Τήν καημένη τή γιαγιά μου
πού κρύωνε.

Εἶχε προφτάσει πολλούς θανάτους
κι εἶχε μάθει νά μήν κλαίει
νά μήν προσμένει
καί νά σωπαίνει.

Περπατοῦσε στίς κάμαρες
ἐλαφρά
καθώς ἡ νύχτα περπατάει
πάνω στό χιόνι.

O du hörtest nie
Diesen dumpfen Schritt
Den tiefen und endlosen
Deshalb sind deine Hände
So warm.

Der blinde Alte der da wandelte
Gebeugt unterm Regen
Mit verknöcherten Fingern spielend
Die Mundharmonika der Nacht,
Er starb.

Wo sie ihn begruben?
Wir fragen nicht.
Wir wissen nichts.
Wir sind.
Die Vergangenheit unwirklich.
Die Zukunft unbedacht.
Gegenwärtig
In der Fülle des Augenblicks
In der Ewigkeit.

Wahrlich
Ich hatte eine Großmutter.
Meine arme Großmutter
Der so kalt war.

Sie war vielen Toden begegnet
Und hatte gelernt nicht zu klagen
Nichts zu erwarten
Und zu schweigen.

Sie ging umher in den Zimmern
Leicht
Wie die Nacht geht
Über den Schnee

Ἄναβε τά κεριά τοῦ πολυελαίου
τυλιγόταν στό μαῦρο μποξά της
καί φυσοῦσε τίς φοῦχτες της
νά ζεσταθεῖ.

Ἀπόψε
καθώς γιά μιά στιγμή ξεφύλλισα
κάτω ἀπ' τά μάτια σου
τό πεθαμένο λεύκωμα τῶν στίχων
οἱ δυό ἄκρες τοῦ μαύρου μποξᾶ
τῆς γιαγιᾶς μου
εἶναι δυό φτερά χελιδονιοῦ
πού διπλώνουν τήν καρδιά της.

Τό βλέμμα σου κελαηδάει
στίς παγωμένες φοῦχτες της.

Κι ἡ μεγάλη θερμάστρα ἀνασυνθέτει
τούς θρόους τῶν φυλλωμάτων
τό φεγγάρι τῆς ἄνοιξης
καί τά κουδούνια τῶν προβάτων
στίς ἀνθισμένες πλαγιές τῆς βραδιᾶς.

VIII

Πέταξα
στό φωτεινό σου διάδρομο
τήν πανοπλία μου.

Ἤμουν γυμνός ὅταν ἐχτύπησα
τή θύρα τοῦ κοιτώνα σου.

Λουσμένος τά φέγγη
τῆς προσδοκίας

Sie zündete die Kerzen des Kronleuchters an
Wickelte sich in ihr schwarzes Tuch
Und blies in ihre Handflächen
Um sich zu wärmen.

Heute abend
Wie ich für eine Weile
Unter deinen Augen
Im gestorbenen Album der Verse blätterte
Da werden die beiden Ecken des schwarzen Tuches
Meiner Großmutter
Zu Schwalbenflügeln
Die ihr Herz umfangen.

Dein Blick sinkt wie Gesang
In ihre kalten offenen Hände.

Und der große Ofen
Bringt alles zurück -
Das Rauschen des Laubs
Den Mond des Frühlings
Und die Glöckchen der Schafe
Auf blühenden Abendwiesen.

VIII

Ich warf
In deiner hellen Diele
Meine Rüstung nieder.

Nackt war ich als ich klopfte
An die Tür deines Schlafgemaches.

Gebadet im Glänzen
Der Erwartung

μιᾶς ἀκέριας ζωῆς
ἔσταζαν ἀπ' τά μέλη μου
σταγόνες ἥλιου.

Κι ὅταν ἡ κλίνη ἀνοίχτηκε
πρός τό βαθύφωτο οὐρανό σου
κατέθεσα στά πόδια σου
τήν τελευταία μου προσωπίδα.

Ἔτσι
ἕνας θεός ἐγκατέλειψε
τή βαριά του ἐξουσία
καί τά ἐγκώμια τῶν κολάκων.

Ντυμένος
τό λευκό φτέρωμα τῆς ἀγνότητας
ἦρθε νά τυλίξει τό λαιμό του
γύρω στούς ρόδινους μηρούς
τῆς Λήδας.

Ἐκεῖ ἀναγνώρισε τή θεότητά του
καί μέ τό ράμφος του
ἔγραψε πάνω στή σάρκα
τό ποίημα τῆς Ἑλένης.

Ἀγαπημένη
ὅλη ἡ ψυχή μου τρέμει
φύλλωμα εὐγνωμοσύνης.

Γονατισμένος προσεύχομαι.
Θεέ μου Θεέ μου
ἡ ἀγάπη μοῦ 'χε λείψει
γιά νά χαρῶ καί νά νοήσω
τό μεγαλεῖο σου.

Eines vollkommenen Lebens
Perlten von meinen Gliedern
Sonnentropfen.

Und als das Lager sich auftat
Zu seinem weißglänzenden Himmel
Da legte ich zu deinen Füßen
Meine letzte Maske.

So
Hat ein Gott
Sein schwerwiegendes Amt
Und die Lobreden der Schmeichler verlassen.

Gekleidet
In weißes Gefieder der Heiligkeit
Kam er und wand seinen Schwanenhals
Um die rosigen Hüften
Der Leda.

Dort erkannte er seine Gottheit wieder
Und schrieb mit seinem Schnabel
Auf ihre Haut
Das Gedicht der Helena.

Geliebte
Meine ganze Seele zittert
Wie Espenlaub vor Dankbarkeit.

Knieend bete ich
Mein Gott, mein Gott
Die Liebe hatte mir gefehlt
Zur Freude
Und zur Erkenntnis
Deiner Größe.

IX

Οἱ φλοῖσβοι τῆς βραδιᾶς
κι οἱ ἀνταύγειες τῶν γιασεμιῶν
περιμένουν μπροστά στό κατώφλι μας
μιάν ἀπάντηση.

Τί ζητοῦν ἀπό μᾶς;
Τί μᾶς φέρνουν;

Τό κορμί σου γυμνό
γυμνό τό κορμί σου
ὁλόγυμνο
καρφωμένο στήν καρδιά τῆς νύχτας
χρυσή ἀνατολή
— τό ἐνσαρκωμένο φῶς.

Τυλιγμένος ἐγώ τό κορμί σου
γυμνός
δίχως ἄνθος φωνή καί τραγούδι.

Κανένα φῶς ἄλλο
νά μήν ἰσκιώνει τό φῶς
πού ἀνατέλλει ἀπ' τή σάρκα σου.

Ἡ ἀγάπη
πιό μεγάλη
ἀπ' τή σιωπή
γεφυρώνει τό θεό μέ τόν ἄνθρωπο
καί γεμίζει τό ἀπέραντο χάσμα
μέ φτερά καί λουλούδια.

Κλείνω τά μάτια.
Ζῶ κι ἀγαπῶ.
Μιά μουσική χορδή
τεντωμένη στά μέλη σου
ἀγρυπνᾶ κι ἀπαντᾶ

IX

Das Plätschern des Abends
Und der Widerschein des Jasmin
Vor unserer Schwelle
Erwarten Antwort.

Was wollen sie von uns?
Was bringen sie uns?

Dein Körper nackt
Nackt dein Körper
Völlig nackt
Geheftet ans Herz der Nacht
Goldener Osten
– das fleischgewordene Licht.

Eingehüllt ich in deinen Körper
Nackt
Ohne Blume, Stimme, Lied.

Kein anderes Licht
Rückt das Licht in den Schatten
Das von deinem Fleisch aufscheint.

Die Liebe
Noch größer
Im Schweigen
Baut eine Brücke von Gott zu Mensch
Und füllt die riesige Schlucht
Mit Federn und Blumen.

Ich schließe die Augen.
Ich lebe und liebe.
Eine Musiksaite
Gespannt über deinen Gliedern
Ist wach und antwortet

στό σφρίγος τ' οὐρανοῦ
καί τοῦ χώματος.

Ἕνας γόος εὐτυχίας
ἀνεβαίνει ἀπ' τά σπλάχνα τῆς γῆς
ἀπ' τά σπήλαια τοῦ δάσους
μές στήν ἔκθαμβη νύχτα
διαπερνάει τό χρόνο
καί τό διάστημα.
Μέσα του σφαδάζει
ὅλη ἡ ζωή κι ὅλος ὁ θάνατος.

Χαράζει.
Ἡσυχία.
Κούραση τῶν θεῶν.
Ποιός εἶναι;
Μιά ἀχτίνα κρούει
μέ τό μικρό της δάχτυλο
τό κλειστό τζάμι.
Μή μιλήσεις.
Δυό γυμνά κορμιά
στίλβουν στήν πάχνη —
δυό πελαργοί
ἀσάλευτοι
στή στέγη τοῦ κόσμου
πάνω ἀπ' τήν κατανυκτικότητα
τῶν πρωινῶν ἀνθισμένων πεδιάδων.

X

Ἀγάπη, ἀγάπη,
δέ μοῦ 'χες φέρει ἐμένα
μήτ' ἕνα ψίχουλο φωτός γιά νά δειπνήσω.

Dem Elan des Himmels
Und des Bodens.

Ein Seufzen des Glücks
Steigt auf vom Schoß der Erde
Von den Höhlen des Waldes
In die strahlende Nacht
Durchstreift die Zeit
Und den Weltraum.
Darin zittert
Das ganze Leben, der ganze Tod.

Der Tag bricht an.
Stille.
Arbeit der Götter.
Wer ist es?
Ein Strahl klopft an
Mit seinem zarten Finger
An die geschlossene Scheibe.
Sprich nicht.
Zwei bloße Körper
Schimmern im Rauhreif -
Zwei Störche
Unbewegt
Auf dem Dach der Welt
Über der Ergriffenheit
Der morgendlichen Blütenwiesen.

X

Liebe, Liebe
Du hattest mir
Nicht einen Krümel Licht gebracht
Davon zu speisen.

Νήστης γυμνός καί ἀδάκρυτος
περιφερόμουν στά ὄρη
καί τ' ἀνένδοτα μάτια μου στύλωνα
στούς οὐρανούς
γυρεύοντας τήν ἀμοιβή μου
ἀπ' τή σιωπή καί τό τραγούδι.

Τά τρυφερά λυκόφωτα
οἱ πράες καμπύλες τῶν βουνῶν
καί τά λαμπρά βράδια τοῦ θέρους
μέ ρωτούσανε ποῦ εἶσαι, ὦ ἀγάπη.

Μά ἐγώ δέν εἶχα τί ν' ἀποκριθῶ
κι ἔφευγα σιωπηλός
ρίχνοντας χάμω τή μορφή μου
γιά νά καλύψω τήν ταπείνωσή μου.

Οἱ ὠχρές αὐγές
ἀκουμποῦσαν στό περβάζι μου
τό διάφανο πηγούνι τους
κάρφωναν στό πλατύ μου μέτωπο
τά μεγάλα γαλάζια τους μάτια
καί μέ κοιτοῦσαν μέ πικρία
ζητώντας ν' ἀπολογηθῶ.

Τί ν' ἀπαντήσω, ἀγάπη;
Καί δρασκελοῦσα τό κατώφλι
τίναζα τά κατάμαυρα μαλλιά μου μές στό φῶς
καί τραγουδοῦσα πλατιά στούς ἀνέμους
τό τραγούδι τοῦ «ἀδέσμευτου».

Πεισμωμένος χλωμός κι ἀκατάδεχτος
κοιτοῦσα τόν κόσμο καί κραύγαζα:
«Δέν ἔχω τίποτα
δικά μου εἶναι τά πάντα».

Hungernd, nackt und tränenlos
Trieb ich mich umher an den Grenzen
Und meine beharrlichen Augen
Starrten zu den Himmeln
Und suchten meinen Lohn
Vom Schweigen und vom Lied.

Die zarten Dämmerungen
Die sanften Bogenlinien der Berge
Und die hellen Abende des Sommers
Fragten mich: wo bist du, Liebe?

Ich aber hatte nichts zu erwidern
Und floh schweigend
Ich warf meine Gestalt zu Boden
Um meine Erniedrigung zu bedecken.

Die fahlen Morgenröten
Lehnten an meinen Fensterrahmen
Ihr durchsichtiges Gesicht,
Sie hefteten auf meine breite Stirn
Ihre großen blauen Augen
Betrachteten mich mit Bitterkeit
Und baten ich solle mich verteidigen.

Was soll ich antworten, Liebe?
Und ich sprang über die Schwelle
Schüttelte meine schwarzen Haare im Licht
Und sang weit hinaus in den Wind
Das Lied des „Ungebundenen".

Trotzig, blaß und unnahbar
Sah ich die Welt an und schrie:
„Ich habe nichts
Mir gehört alles".

Κι ὅμως μιά παιδική φωνή
ἐπίμονα ἔκλαιγε βαθιά μου
γιατί δέν εἶχες ἔλθει, ἀγάπη.

Τίς νύχτες τοῦ ἔαρος
πού ἡ γύρη τῶν ἄστρων
καί τῶν λουλουδιῶν
ἀγρυπνοῦσε στό δέρμα μου
μιά λυπημένη ἀνταύγεια
σερνόταν στήν ἀπέραντη ψυχή μου
γιατί ἀργοῦσες νά 'ρθεις, ἀγάπη.

Γι' αὐτό κι οἱ πιό λαμπροί μου στίχοι
εἶχαν κρυμμένο στήν καρδιά τους
ἑνός λυγμοῦ τό τρεμοσάλεμα
γιατί ἔλειπες ἀπ' τήν καρδιά μου, ἀγάπη.

Ὅταν περιπλανιόμουν
στήν ἐρημία τοῦ φθινοπώρου
στά γυμνά δάση
ζητώντας μέ σφιγμένα δάχτυλα
τόν ἥλιο πού ἔφευγε χλωμός
πάνω ἀπ' τίς παγωμένες λίμνες
ἐσένα ζητοῦσα, ὦ ἀγάπη.

Κι ὅταν ἀκόμη ἐπέστρεφα
τήν ὄψη μου ἀπ' τή γῆ
καί τρυποῦσα μέ πύρινα βλέμματα
τά τείχη τῆς νύχτας
ἦταν γιατί δέν ἤθελα νά κλάψω
πού δέ μέ συλλογίστηκες, ἀγάπη.

Ζητώντας τό θεό
ζητοῦσα ἐσένα.

Ἐσένα περιμένοντας
γέμισα τούς κήπους μου

Und dennoch weinte tief in mir
Unentwegt eine kindliche Stimme
Weil du nicht kamst, Liebe.

In den Frühlingsnächten
Wo der Blütenstaub der Sterne
Und der Blumen
Wachte auf meiner Haut
Da zog ein trauriger Widerschein
Durch meine weite Seele
Weil du, Liebe, zögertest zu kommen.

Deshalb hatten auch meine schönsten Verse
Tief verborgen in ihrem Inneren
Das zitternde Beben eines Schluchzens
Weil du, Liebe, fern warst meinem Herzen.

Als ich umherirrte
In der Wüste des Herbstes
Durch nackte Wälder
Und mit geballten Händen,
Die Sonne suchte die blaß entschwand
Über gefrorenen Seen,
Da suchte ich dich o Liebe.

Und als ich wandte
Von der Erde meinen Blick
Und mit Feueraugen
Die Mauern der Nacht durchbohrte
Da hast du, Liebe, nicht an mich gedacht
Weil ich nicht weinen wollte.

Auf der Suche nach Gott
Suchte ich dich.

In deiner Erwartung
Füllte ich meine Gärten

μέ λευκούς κρίνους
γιά νά βυθίζεις τίς κνῆμες σου
αὐτά τά βράδια τ' ἀργυρά
πού ἡ σελήνη ραντίζει μέ δρόσο
τή φιλντισένια ὑψωμένη μορφή σου.

Γιά σένα, ἀγάπη, ἑτοίμασα τά πάντα
κι ἄν ἔμαθα νά τραγουδῶ τόσο γλυκά
ἦταν γιατί στήν ἴδια τή φωνή μου
ζητοῦσα νά 'βρω τά ἴχνη τῶν βημάτων σου
ζητοῦσα νά φιλήσω
μονάχα καί τή σκόνη τοῦ ἴσκιου σου
ὤ ἀγάπη.

XI

Ἐγώ πού κοιμήθηκα
(πόσα χρόνια)
δίχως φωτιά δίχως λυχνία
ἐγώ πού ἀγκάλιαζα μονάχα
τή σιωπηλή σκιά μου
γύμνωσα τά χείλη μου
γιά νά ψάλουν
τόν ἐρχομό σου.

Τόσο φτωχός ἤμουν, ἀγάπη,
τόσο φτωχός
πού δέν εἶχα στήν παλάμη ἕνα χάδι
γιά ν' ἀγοράσω τίς ὧρες μου
πού δέν εἶχα ἕνα νόμισμα φιλιοῦ
γιά νά δώσω τοῦ σκιώδη καπετάνιου
νά μέ περάσει στήν ἀντίπερα ὄχθη.

Ὅλη τή ζωή μου ἀσώτεψα
σκάβοντας τήν ἔρημο

Mit weißen Lilien
Daß du bis zu den Knien
Darein tauchen mögest
An diesen silbernen Abenden
Wo der Mond mit Tau benetzt
Deine elfenbeinerne hohe Gestalt.

Für dich, Liebe, bereitete ich das alles
Und wenn ich erfahre ich hätte so süß gesungen
Dann war es weil ich in meiner eigenen Stimme
Die Spuren deiner Schritte zu finden suchte
Und zu küssen
Selbst den Staub deines Schattens
O Liebe.

XI

Ich der ich schlief
(Wieviele Jahre lang)
Ohne Feuer ohne Lampe
Der nichts umarmte
Als meinen schweigenden Schatten
Ich übte meine Lippen ein
Dein Kommen
Zu besingen.

So arm war ich, Liebe,
So arm
Der ich in meiner Hand
Nicht ein Streicheln hatte
Um meine Stunden zu kaufen,
Der ich keine Münze der Versöhnung hatte
Um sie dem Fährmann der Schatten zu geben
Daß er mich brächte zum jenseitigen Ufer.

Mein ganzes Leben verschwendete ich
Wüstensand zu graben

καί περιμένοντας χωρίς νά τό γνωρίζω
τό σπόρο τῶν βλεμμάτων σου.

Ὥριμος
ἀπ' τήν πικρία
καί τήν ἀγρύπνια
ἀξιώθηκα τόν ἐρχομό σου.

Εὐχαριστῶ.
Εὐχαριστῶ.

Γεννήθηκα γιά νά προφτάσω
νά χαιρετήσω στήν ἄκρη τοῦ δρόμου
τόν ἥλιο τῶν ματιῶν σου.

'Εάν δέν εἶχες ἔλθει, ἀγάπη,
τί θ' ἀπαντοῦσα στό θεό
ὅταν μιά νύχτα
κάτω ἀπό τούς πυρσούς τῶν ἄστρων
θά μέ ρωτοῦσε
πῶς ὄργωσα τό κόκκινο χῶμα
πῶς ξόδεψα
τούς σπόρους τῶν ἀνθῶν
πού μοῦ ἐμπιστεύτηκε;

Ἄφησέ με νά κλάψω
στά γόνατά σου
μές στήν εὐεργεσία τοῦ χαδιοῦ σου.

XII

Πλάθοντας ἄνθη ἀνώφελα
λησμόνησα νά ζήσω.

Πίσω
ἀπ' τῶν βιβλίων τά κάγκελα

Und zu erhoffen ohne daß ich es kannte
Das Samenkorn deiner Blicke.

Reif
Durch die Bitternis
Und das Wachen
Wurde ich wert deines Kommens.

Ich danke.
Ich danke.

Ich wurde geboren dahin zu gelangen
Am Ende des Weges
Die Sonne deiner Augen zu begrüßen.

Wenn du nicht gekommen wärest, Liebe
Was hätte ich dem Gott erwidert
Wenn er eines Nachts
Unter den Fackeln der Sterne
Mich gefragt hätte
Wie ich die rote Erde gepflügt und
Wie ich die Samen der Blumen
Gestreut hätte
Die er mir anvertraut?

Laß mich weinen
An deinen Knien
Unter der Wohltat deines Streichelns.

XII

Ich schuf unnütze Blüten
Und vergaß zu leben.

Hinter
Den Gittern der Bücher

φυλάκισα τά ρόδινα
τῶν ἡμερῶν μου πρόσωπα.

Τά δάχτυλα
τῶν ἐμποδισμένων φιλιῶν
νεκρά ριγοῦσαν
στίς ὀπές τῶν αὐλῶν.

Ποιός μάντεψε
τούς θανάτους τῶν ρόδων
καί τά δάκρυα τῶν ἀρωμάτων
μέσα στούς ἄχραντους ἤχους
καί στό ὑψηλό ἐπαρμένο μέτωπο;

Τό κίτρινο φέγγος
τῆς λάμπας
δάκρυζε τό δῶμα μου
ἐνῶ οἱ φωνές τῶν κάμπων
καί τῶν πουλιῶν
πλημμυροῦσαν τήν ἀπέραντη νύχτα
τοῦ Ἰουλίου.

Ἔξω
ἡ θάλασσα καί ὁ οὐρανός.

Μέσα
ἡ καθηλωμένη μορφή
τά κενά χέρια.

Μιά σκιά μαβιά
σκόνιζε τούς καθρέφτες
καί τά χείλη.

Καθώς τό φεγγερό σου χέρι
διέσχιζε τή νύχτα
στό χαλασμένο ρολόι τῆς γωνιᾶς

Sperrte ich die Rosengesichter
Meiner Tage ein.

Die Finger
Auf den Flötenlöchern,
Verhinderte Küsse,
Erfroren sich zu Tode.

Wer hätte den Tod der Rosen
Und die Tränen der Düfte erraten
In den heiligen Tönen
Und hinter der hohen stolzen Stirn?

Der gelbe Schein
Der Lampe
Beweinte mein Gemach
Während die Klänge der Glocken
Und die Vogelstimmen
Die endlose Julinacht
Überschwemmten.

Draußen
Das Meer und der Himmel.

Drinnen
Die gefesselte Gestalt
Die leeren Hände.

Ein dunkelblauer Schatten
Legte Staub auf die Spiegel
und die Lippen.

Wie deine hellscheinende Hand
Die Nacht zerteilte
An der schadhaften Uhr in der Ecke

φωσφόρισαν οἱ δεῖχτες τῆς αὐγῆς
κι ὁ νεκρός κοῦκος
ἐσήμανε ἄνοιξη.
(Θεέ μου, πῶς ἐσκίρτησαν
οἱ ἀκίνητες κουρτίνες.)

Οἱ πεθαμένες μου ἡμέρες
δέν εἶχαν πεθάνει.
Πίσω ἀπό τήν κλεισμένη θύρα
σιωπηλές
καθώς ἀνέραστα κορίτσια
σέ προσμέναν.

Πῶς θά πληρώσεις τώρα
ἕνα θάνατο πού ἐνταφιάστηκε
κάτω ἀπ᾽ τή θωπεία σου;
ἕνα παιδί πού κοιμήθηκε
εἴκοσι ὀκτώ ᾽Απριλίους
γιά νά ξυπνήσει στά χέρια σου;

XIII

Ρόδινες ὧρες
ρόδινες ὀπῶρες.
Γελᾶ ὁ καιρός γελάει
κυλάει ρυάκι ὑγείας
ἀνάμεσα σέ ροδοδάφνες.

Ἔξω ἡ κατάχρυση μεσημβρία
καίγεται στίς φλέβες
τῶν τζιτζικιῶν.

᾽Ακοῦμε τίς φωνές τῶν παιδιῶν
πού λούζονται στόν ἥλιο
καί στή θάλασσα.

So schimmerten die Zeiger des Morgens
Und der tote Kuckuck
Rief den Frühling aus.
(Mein Gott, wie erzitterten
Die unbewegten Vorhänge.)

Meine toten Tage
Waren nicht gestorben.
Hinter der geschlossenen Tür
Erwarteten sie dich
Schweigend
Wie ungeliebte Mädchen.

Wie wirst du jetzt einen Tod bezahlen
Der unter deiner Zärtlichkeit
Begraben wurde?
Ein Kind das achtundzwanzig Frühlinge
Geschlafen hat
Um in deinen Händen aufzuwachen?

XIII

Rosige Stunden
Rosige Früchte.
Lache, die Stunde lacht
Es rollt ein Bach von Gesundheit
Zwischen Oleander dahin.

Draußen goldglänzend der Mittag
Er brennt in den Adern
Der Zikaden.

Wir hören die Stimmen der Kinder
Die in der Sonne baden
Und im Meer.

Ξέρουμε τά ἐξοχικά κέντρα
κρυμμένα στό δάσος
λίγο πιό πάνω ἀπ' τ' ἀκρογιάλι.

Στά πλυμένα τζάμια τους
γελοῦν οἱ ἀνταύγειες
τοῦ γλαυκοῦ καί τοῦ πράσινου.
Δροσερό φῶς
μισοκλείνει τά μάτια του
κάτω ἀπ' τά δέντρα.

Ἄς πεθαίνουν οἱ πένητες
ἔξω ἀπ' τή θύρα τῆς αἰωνιότητας
χτυπώντας δίχως ν' ἀκούγονται
κλείνοντας τά μάτια
στήν ἐφήμερη χλόη
πού συντηρεῖ τήν αἰωνιότητα.

Ἐμεῖς ἀσφαλισμένοι
μέσα στό γήινο ρίγος μας
γευόμαστε τόν οὐρανό.

Δέν εἶναι φόβος μήτε φθόνος.
Βέβαιοι πράοι κι ἀγαθοί
μές στή χαρά μας
χαϊδεύουμε
ὅλα τά πλάσματα τοῦ κόσμου.

Σφίγγω τό χέρι σου.
Τί μοῦ λείπει
γιά νά μισήσω τή ζωή;

Ἀραγμένα τ' ἄσπρα καΐκια
οἱ σκιές τῶν γλάρων
γράφονται

Wir kennen die ländlichen Tavernen
Verborgen im Wald
Dicht über dem Strand.

In ihren geputzten Scheiben
Lächelt der Widerschein
Des Blau und des Grün.
Kühles Licht
Läßt deine Augen sich halb schließen
Unter den Bäumen.

Mögen die Armen sterben
Außen an der Tür der Ewigkeit
Anklopfend ohne gehört zu werden,
Und die Augen schließen
Im vergänglichen Grün
Das die Ewigkeit erhält.

Wir sind eingeschlossen
In unserem irdischen Erschaudern
Und schmecken den Himmel.

Da ist nicht Furcht oder Mißgunst.
Wahrhaft sanft und gut
In unserer Freude
Liebkosen wir
Alle Geschöpfe der Welt.

Ich drücke deine Hand.
Was fehlt mir?
Wie sollte ich das Leben hassen?

An Land gegangen sind die weißen Segelboote
Die Schatten der Möven
Zeichnen sich ab

στήν ύγρήν ἀμμουδιά
καί στή σάρκα σου.

Καμιά σειρήνα δέ σφυρίζει.
Κανένας δέν ἀποδημεῖ.

Ζεστή χρυσή μεσημβρία.
Σταθμός τοῦ Ἀπείρου
— ἡ καρδιά μας.

XIV

Ἁπλώνουμε τά χέρια
στόν ἥλιο
καί τραγουδᾶμε.

Τό φῶς κελαηδάει
στίς φλέβες τοῦ χόρτου
καί τῆς πέτρας.

Οἱ κραυγές τῆς ζωῆς
τεντῶσαν τόξα δύναμης
τά κλαδιά.

Ἡ φλούδα τῶν δέντρων
χλωρή καί στιλπνή
λαμποκοπᾶ
— ριγωτό φουστάνι τεντωμένο
σ' ἄγουρα στήθη χωρικῆς.

Πῶς ἀγαποῦμε
τά ἐρωτικά κορμιά μας.

Auf dem feuchten Sand
Und auf deiner Haut.

Keine Sirene lockt.
Niemand will fortziehen.

Warmer goldener Mittag.
Ein Anhalten des Unendlichen
– unser Herz.

XIV

Wir strecken die Hände
Zur Sonne aus
Und singen.

Das Licht klingt wider
In den Adern der Gräser
Und des Felsens.

Die Schreie des Lebens
Spannen die Zweige
Als Bogen von Kraft.

Die Rinde der Bäume
Leuchtet
Frisch und glänzend
– ein Streifenkleid
Über der unreifen Brust
Des Landmädchens.

Wie lieben wir
Unsere reizvollen Körper.

Μή μᾶς καλεῖτε νά φύγουμε.
Κλεισμένοι στό κορμί μας
εἴμαστε παντοῦ.

Κάθε πουλί
πού βουτάει στό γαλάζιο
κάθε χορταράκι
πού φυτρώνει στήν ἄκρη τοῦ δρόμου
μᾶς φέρνει τό μήνυμα τοῦ Θεοῦ.

Οἱ ἄνθρωποι
περνοῦν πλάι μας
ὡραῖοι ἀγαπημένοι
ντυμένοι
τ' ὄνειρό μας τή νιότη μας
καί τήν ἀγάπη μας.

Ἀγαποῦμε
τόν οὐρανό καί τή γῆ
τούς ἀνθρώπους καί τά ζῶα
τά ἑρπετά καί τά ἔντομα.
Εἴμαστε κι ἐμεῖς
ὅλα μαζί
κι ὁ οὐρανός κι ἡ γῆ.

Τό κορμί μας περήφανο
ἀπ' τῆς χαρᾶς τήν ὀμορφιά.
Τό χέρι μας παντοδύναμο
ἀπ' τήν ὁρμή τῆς ἀγάπης.

Μέσα στή φούχτα τῆς ἀγάπης
χωράει τό σύμπαν.

Heißt uns nicht wegzugehn.
Eingeschlossen in unseren Körper
Sind wir überall.

Jeder Vogel
Der eintaucht ins Blau
Jedes Gräslein
Das wächst am Wegesrand
Bringt uns Botschaft von Gott.

Die Menschen
Gehen nahe bei uns vorüber
Schön, geliebt
Gekleidet
Mit unserem Traum, unserer Jugend
Und unserer Liebe.

Wir lieben
Den Himmel und die Erde
Die Menschen und die Tiere
Die Kriechtiere und Insekten.
Auch wir sind
Das alles zusammen
Und Himmel und Erde.

Unser Leib ist durchscheinend
Von der Schönheit der Freude.
Unsere Hand ist allmächtig
Von dem Ansturm der Liebe.

In der offenen Hand der Liebe
Findet das ganze Weltall Raum.

XV

Ἄξιζε νά ὑπάρξουμε
γιά νά συναντηθοῦμε.

Τό φιλί μας ἐσφράγισε
τήν αἰώνια σιγή.
Δέ μένει πιά κενή
μήτε μιά ρόδινη γωνία
τῶν κυττάρων μας.

Τίποτ᾽ ἄλλο.
Τίποτ᾽ ἄλλο.
Νά φύγουν οἱ σκιές καί τά φῶτα
ἀπ᾽ τό χλωρό μέτωπό σου.

Ρίξε στή φωτιά
τά ξερά δάφνινα στεφάνια
πού ρυτιδώνουν τό φέγγος
τοῦ ἐρωτικοῦ κοιτώνα μας.

Τί θά προσθέσει ἕνα διάδημα
στό διάδημα
τῶν φιλημένων μαλλιῶν μας;

Νυχτώνει.
Ἕνα θάμβος λευκό αἰωρεῖται
πάνω ἀπ᾽ τό σύσκιο δάσος
— μιά σειρά περιστέρια
— τά ἐπερχόμενα χάδια μας.

Συχώρεσέ με, ἀγάπη,
πού ἀπόψε τραγουδῶ
αὐτές τίς ἀσημένιες ὧρες
πού θά ᾽πρεπε τά χέρια μου νά ὑψώνω
στ᾽ ἀστέρια τῶν μαλλιῶν σου.

XV

Wohl war es wert daß wir da sind
So konnten wir uns begegnen.

Unser Kuß gab der ewigen Stille
Eine Prägung.
Auch nicht eine Rosenecke
Unserer Zellen
Bleibt nun leer.

Nichts anderes.
Nichts anderes.
Mögen die Schatten und die Lichter
Von deiner blassen Stirne weichen.

Wirf ins Feuer
Die trockenen Lorbeerkränze
Die dem Glanz unsres Liebesgemachs
Schattige Falten geben.

Unser Haar steht uns lieblich
Wie ein Diadem -
Was könnte ein Diadem
Noch hinzufügen?

Es dunkelt.
Ein weißer Glanz schwebt
Über dem schattigen Wald
– eine Kette Tauben
– unsere nahenden Zärtlichkeiten.

Verzeih mir, Liebe,
Daß ich heut abend singe
Zu dieser silbernen Stunde
Wo ich doch meine Hände
Flechten sollte
In dein sternglitzerndes Haar.

Ρίχνω ἕνα ψίχουλο
στά πληγωμένα ἀηδόνια
πού 'χαν ταΐσει κάποτε μέ φῶς
τήν πληγή μου.

XVI

Χαρά χαρά.
Δέ μᾶς νοιάζει
τί θ' ἀφήσει τό φιλί μας
μέσα στό χρόνο καί στό τραγούδι.

Ἀγγίξαμε
τό μέγα ἄσκοπο
πού δέ ζητᾶ τό σκοπό του.

Ὁ Θεός
πραγματοποιεῖ τόν ἑαυτό του
στό φιλί μας.
Περήφανοι ἐκτελοῦμε
τήν ἐντολή τοῦ ἀπείρου.

Ἕνα μικρό παράθυρο
βλέπει τόν κόσμο.
Ἕνα σπουργίτι λέει
τόν οὐρανό.
Σώπα.

Στήν κόγχη τῶν χειλιῶν μας
ἐδρεύει τό ἀπόλυτο.

Σωπαίνουμε κι ἀκοῦμε
μές στό γαλάζιο βράδυ
τήν ἀνάσα τῆς θάλασσας

Ich werfe den verwundeten Nachtigallen
Ein Bröckchen hin
Sie haben meine Wunde
Manchmal mit Licht gefüttert.

XVI

Freude Freude.
Uns kümmert nicht
Was unser Kuß zurückläßt
In der Zeit und in dem Lied.

Wir berührten
Das große Ziellose
Das nicht sein Ziel sucht.

Gott
Gestaltet sein Selbst
In unserem Kuß.
Stolz erfüllen wir
Die Weisung des Unermeßlichen.

Ein kleines Fenster
Blickt zum Kosmos.
Ein Sperling spricht
Den Himmel aus.
Schweige.

In der Muschel unserer Lippen
Wohnt das Absolute.

Wir schweigen und lauschen
Am blauen Abend
Dem Atmen des Meeres

καθώς τό στῆθος κοριτσιοῦ εὐτυχισμένου
πού δέ μπορεῖ νά χωρέσει
τήν εὐτυχία του.

Ἕνα ἄστρο ἔπεσε.
Εἶδες;
Σιωπή.
Κλεῖσε τά μάτια.

XVII

Δέ φοβοῦμαι.
Ντυμένος τό φέγγος
τῆς θωπείας σου
περνῶ τολμηρός
μέσ' ἀπ' τό δάσος τῆς νύχτας.

Κανείς δέ μπορεῖ
νά ρυπάνει
τό κράσπεδο τῆς κλίνης μας.

Ἄς ἔλθουν οἱ θύελλες
νά συντρίψουν τούς καθρέφτες τῶν κήπων.
Ἄς κλείσει τό χιόνι τή θύρα μου.
Ἄς καλύψει
μέ τήν παλάμη της ἡ νύχτα
τόν τελευταῖο φεγγίτη μου.

Ἐγώ θά δείχνω στή βροχή
αὐτό τό ἐαρινό τριαντάφυλλο
πού ἀπόθεσε στά χέρια μου ἡ θωπεία σου
καί θά χαμογελῶ ἱλαρός
μέσα στή μόνωσή μου.

Wie der atmenden Brust
Eines glücklichen Mädchens
Das sein Glück
Nicht fassen kann.

Da fiel ein Stern.
Sahst du es?
Schweigen.
Mach die Augen zu.

XVII

Ich fürchte mich nicht.
Gekleidet in das Licht
Deiner Zärtlichkeit
Durchschreite ich kühn
Die Wälder der Nacht.

Niemand kann
Den Saum unseres Lagers
Beschmutzen.

Mögen die Stürme kommen
Und die Spiegel der Gärten zerschmettern.
Möge der Schnee meine Tür verschließen
Und die Nacht mit ihrer Hand
Meine letzte Luke bedecken.

Ich werde dem Regen
Jene Frühlingsrose zeigen
Die deine Zärtlichkeit
Mir in die Hand gelegt hat,
Ich werde frohgemut lächeln
In meiner Einsamkeit.

Ποιά τιμωρία θ' ἀπαλείψει
τά πάμφωτα ἴχνη τῶν ματιῶν σου
ἀπ' τά μάτια μου;

XVIII

Κλείνω τά βλέφαρα
κάτω ἀπ' τήν ἤρεμη νύχτα
κι ἀκούω νά κελαηδοῦν μυριάδες ἄστρα
ἐκεῖ ὅπου σύρθηκαν τά δάχτυλά σου
πάνω στή σάρκα μου.

Εἶμαι
ὁ ἔναστρος οὐρανός
τοῦ θέρους.

Τόσο βαθύς κι ὡραῖος
τόσο μεγάλος ἔγινα
ἀπ' τήν ἀγάπη σου
πού δέ δύνεσαι πιά
νά μ' ἀγκαλιάσεις.

Ἀγαπημένη
ἔλα νά μοιραστοῦμε
τά δῶρα πού μοῦ 'φερες.

Ἰδού τό δάσος λυγίζει
ἀπ' τό βάρος τῶν ἀνθῶν καί τῶν φύλλων του.

XIX

Ἡ ἑσπέρα γέρνει.
Μιά δέσμη ρόδα

Welches Strafgericht könnte
Die leuchtende Spur deiner Augen
Wegnehmen von meinen Augen?

XVIII

Ich schließe die Lider
Unter der milden Nacht
Und höre tausend Sterne
Singen dort wo deine Finger
Über mein Fleisch gezogen sind.

Ich bin
Der gestirnte Himmel
Des Sommers.

So tief und schön
So groß bin ich geworden
Von deiner Liebe
Daß du mich nicht mehr
Umarmen kannst.

Geliebte
Komm zu mir
Die Geschenke zu teilen
Die du mir gebracht hast.

Sieh, der Wald biegt sich schon
Unterm Gewicht seiner Blüten und Blätter.

XIX

Der Abend neigt sich.
Ein Bund Rosen

στά μαλλιά σου.
Ἀνάλαφρη ἀνάλαφρη.
Γέρνει.
Κοιτάω τίς ὧρες
φωτεινές
νά διαλύονται στά βάθη
τοῦ προσώπου σου.

Ἕνα χελιδόνι
μέσα στό δείλι
φωνάζει.
Δυό ἄνθρωποι.
Ὁ ἴσκιος τους στό δρόμο.
Δέν προσέχουμε.
Μιά μικρή λάμψη
γυρεύει ἀκρόαση.
Δέν εἴμαστε ἐδῶ.

Ἔξω ἀπ' τά χέρια μας
δέν εἶναι τίποτα.
Τίποτα.

Ἡ γύρη τοῦ φιλιοῦ μας
προετοιμάζεται
μέ τίς ἀνταύγειες τῶν πραγμάτων.
Ὡραῖα πού ριγοῦν
πυκνώνουν
πάνω στή σάρκα σου.

Μέσ' ἀπ' τό βλέμμα σου
ἀγαπημένη
κοιτάω τόν κόσμο.

Κι ἡ ἑσπέρα
θεραπαινίδα τῆς ἀγάπης

In deinem Haar.
Langsam, kaum merklich.
Er neigt sich.
Ich schaue wie
Die Stunden des Lichts
Sich lösen in der Tiefe
Deines Gesichts.

Eine Schwalbe
Ruft
Am Spätnachmittag.
Zwei Menschen.
Ihr Schatten auf dem Weg.
Wir achten nicht darauf.
Ein schwaches Leuchten
Sucht unsere Aufmerksamkeit.
Wir sind nicht da.

Außerhalb unserer Hände
Gibt es nichts.
Nichts.

Der Blütenstaub unseres Kusses
Bildet sich
In den Reflexen der Dinge.
Schön wie sie zittern
Und sich verdichten
Auf deiner Haut.

In deinem Blick
Geliebte
Schaue ich den Kosmos.

Und die Abenddämmerung
Dienerin der Liebe

κορυφώνει τά μύρα τῶν μαλλιῶν σου
ραντίζει μέ ρόδα τήν κλίνη μας.

Ἡ νύχτα ὡριμάζει τό ἄπειρο
ν' ἀνθίσει στό αἷμα μας.
Ἔνας διάττων θά διαγράψει
τό σπασμό μας.

Πόσο καινούργια ἡ σκιά
στήν καινούργιαν ἀφή μας.

Δέν ξέρω πιά νά τραγουδῶ.
Σοῦ ἀνήκω.
Ἡ ζωή μοῦ ἀνήκει.

XX

...Ἡ καλοκαιρινή βραδιά
ἔμπαινε ἀπ' τό παράθυρο
στή λευκή κάμαρα
τοῦ πατρικοῦ σπιτιοῦ μου.

Ξαπλωμένος
στό παιδικό κρεβάτι μου
μέ μισόκλειστα βλέφαρα
ἄκουγα τ' ἄστρα καί τούς γρύλους
νά τερετίζουνε στούς κάμπους.

Κάτω ἀπό τήν ἐγκάρδια λάμπα
ἡ μητέρα κεντοῦσε
μιάν ἄγκυρα μέ μπλέ μετάξι
στή λινή μου ποδιά.

Τά τρυφερά της χέρια περνοδιάβαιναν
στό φωτισμένο κύκλο

Steigert das Duftöl deiner Haare,
Besprengt mit Rosenwasser unser Lager.

Die Nacht läßt das Unendliche reifen
Und blühen in unserem Blut.
Eine Sternschnuppe wird
Unser Beben beschreiben.

Wie neu ist der Schatten
In unserer neuen Berührung.

Ich kann nicht mehr singen.
Ich gehöre dir.
Das Leben gehört mir.

XX

...Der sommerliche Abend
Trat in das Fenster
In der weißen Stube
Meines Vaterhauses.

Hingestreckt
Auf mein kindliches Bett
Hörte ich mit halbgeschlossenen Lidern
Die Sterne und die Grillen
Wie sie zirpten in den Feldern.

Unter der gemütlichen Lampe
Stickte die Mutter
Mit blauer Seide einen Anker
Auf meine Leinenschürze.

Ihre zarten Hände gingen hin und her
Im Kreis des Lichtscheins

— ἄσπρα πουλιά
πάνω στήν ἤρεμη λίμνη τῆς καρδιᾶς μου.

Ἡ κεντημένη μου ἄγκυρα
πόσο γερά κρατοῦσε ἀραγμένα
στό λιμανάκι τοῦ νησιοῦ μας
τίς γαληνές βαρκοῦλες
καί τά ὄνειρά μου.

Ὁ θάνατος δέν εἶχε ἀγγίσει
τή χλόη τοῦ κήπου μας
κι ἀπ' τ' ἀνθισμένο μας μπαλκόνι
δέν εἶχε ἀνεμιστεῖ ποτέ
μαντίλι χωρισμοῦ
πρός τήν ἀπέραντη θάλασσα.

Ἥμερο τό ἄγνωστο
κοιμόταν
πίσω ἀπ' τόν ἴσκιε τῆς μητέρας.

Κι ὅμως ἐγώ
πού δέ γνώριζα τίποτα
ἔβλεπα τό καλό Θεό
νά μοῦ χαμογελάει
στό βάθος τοῦ ἀνοιχτοῦ παράθυρου
μέσ' ἀπό τούς χρυσούς θάμνους τῶν ἄστρων.

Μιά μυρωδιά χόρτου νωποῦ καί γιασεμιοῦ
κυμάτιζε στόν ἥπιο ἀέρα.
Κι ἕνα βῆμα ἐλαφρό
σάν ἀπό ἀκτινοβόλο πόδι Ἀγγέλου
τριγύριζε τό σπίτι μας.

Ἦταν τό βῆμα σου, ὦ ἀγάπη,
πού ἔψαχνε τόσα χρόνια πρίν
κάτω ἀπ' τή θερινή σελήνη
νά μ' ἀνταμώσει.

– weiße Vögel
Überm stillen See meines Herzens.

Mein gestickter Anker
Wie schön hielt er gebunden
Im kleinen Hafen unsrer Insel
Die stillen Boote
Und meine Träume.

Der Tod hatte keinmal
Das Grün unseres Gartens berührt
Und von unserem blütenreichen Balkon
Hatte nie zum unendlichen Meer hin
Das Taschentuch des Abschieds geweht.

Sanft ruhte das Unbekannte
Hinter dem Schatten der Mutter.

Ich aber
Der gar nichts kannte
Sah den guten Gott
Mir zulächeln
In der Tiefe des offenen Fensters
In den Goldbüschen der Sterne.

Wohlgeruch von frischem Gras und Jasmin
Wogte in der milden Luft.
Und ein leichter Schritt
Wie von des Engels strahlendem Fuß
Umkreiste unser Haus.

Es war dein Schritt, o Liebe
Der soviel Jahre zuvor
Unterm sommerlichen Mond
Mir zu begegnen suchte.

Κι ἐγώ ἀγρυπνοῦσα
ἀκούγοντας τό βῆμα σου
νά γεμίζει τραγούδι
τήν καρδιά τοῦ κόσμου
καί τήν καρδιά μου.

Ἀπόψε νιώθω πάλι
ἔξω ἀπ' τό σπίτι μας
τόν προστατευτικόν ἴσκιο τοῦ Ἀγγέλου.

Ἀγάπη, ἐσύ μοῦ ξανάφερες
τ' ἄσπρα πουλιά τῆς μητέρας
κι αὐτή τήν ἄγκυρα πού δένει
στό σιγαλό λιμάνι
τά πληγωμένα καΐκια.

Ὅλη μου ἡ ὀμορφιά συνάζεται
γιά νά στολίσει τά μαλλιά σου.
Κι ὅ,τι γλυκό καί τρυφερό
πού ἦταν δικό μου κι ἔμενε σάν ξένο
καί μ' εἶχε λησμονήσει
ξανάρχεται στά χέρια σου
νά ζεσταθεῖ
νά ξαναζήσει
καί νά σέ φιλήσει.

XXI

Τά μαλλιά σου
ἀρωματίζουν τή νύχτα.

Στό βλέφαρο τοῦ φεγγαριοῦ
στεγνό
τό δάκρυ τῆς ἀμφιβολίας.

Und ich lag wach
Und hörte deinen Schritt
Das Herz der Welt
Mein eigenes Herze
Mit einem Lied erfüllen.

Heut abend spüre ich erneut
Vor unserm Hause draußen
Den schützenden Schatten des Engels.

Liebe, du bringst mir
Die weißen Vögel der Mutter wieder
Und jenen Anker
Der die verwundeten Boote
Im stillen Hafen sicher hält.

Alle meine Schönheit sammelt sich
Um dein Haar zu schmücken.
Und was an Süßem und Zärtlichen
Mir eigen und doch wie fremd geblieben war
Und mich vergessen hatte
Das kommt in deinen Händen wieder
Wird wieder warm
Lebt wieder auf
Um dich zu küssen.

XXI

Von deinem Haar
Strömt Duft in die Nacht.

Am Lid des Mondes
Trocken
Die Träne des Zweifels.

Πληρωμένοι
ἀνυστερόβουλοι
δίχως νά ζητᾶμε
δίχως νά περιμένουμε
ἐγγίζουμε τά βάθη
τοῦ κόσμου.

Στίς διάφανες φλέβες
τῶν λουλουδιῶν
ἀκοῦμε
τό ρόδινο σφυγμό τῆς διάρκειας
πού συγγενεύει μέ τό αἷμα μας.

Ἀκοῦμε τήν καρδιά τῶν ἐντόμων
καί τῶν φύλλων
νά πάλλει σιμά στήν καρδιά μας.

Ἦρθαν ὅλα
νά ἐμπιστευθοῦν τό μυστικό τους
στά χέρια μας.

Πῶς θά βαστάξουμε
στούς φιλημένους ὤμους μας
ὅλη τήν πλάση;

Οἱ αἰῶνες προετοίμαζαν
αὐτή τή στιγμή
γιά νά χαρεῖ ἡ αἰωνιότητα
ἀκέριο τό λαμπρό της πρόσωπο
μές στόν καθρέφτη τοῦ φιλιοῦ μας.

Ἡ πλήρωση ἔφτασε.
Δέ μένει τίποτ' ἄλλο.

Τύλιξέ με.
Φοβοῦμαι ἀγαπημένη.

Ganz erfüllt
Ganz hingegeben
Ohne es zu verlangen
Ohne es zu erwarten
Berühren wir den Grund
Des Kosmos.

In den durchscheinenden Adern
Der Blumen
Hören wir
Den rosenfarbigen Puls der Stetigkeit
Der unserem Blut verwandt ist.

Wir hören den Herzschlag der Insekten
Und der Blätter
Neben unserem Herzen schlagen.

Sie kamen alle
Unseren Händen
Ihr Geheimnis anzuvertrauen.

Wie können wir denn
Auf unseren geliebten Schultern
Die ganze Schöpfung tragen?

Die Äonen haben
Diesen Augenblick bereitet
Daß die Ewigkeit sich freue,
Ihr ganzes leuchtendes Gesicht
Im Spiegel unseres Kusses.

Die Erfüllung ist da.
Nichts anderes bleibt.

Umhülle mich.
Ich fürchte mich Geliebte.

Πῶς μπορεῖ ἡ γῆ
νά κρατήσει στά χέρια της
τόση εὐτυχία;

Μιά πέτρα θά ραγίσει
τό γυαλί τῆς σιγῆς.
Κι ἡ συντριβή θά γείρει
τό χλωμό της μέτωπο
στή σκεφτική παλάμη.

᾿Εξάντλησε τά ρόδα᾿ μου
πρίν τό ρῆγμα φανεῖ
πρίν ἀναβλύσει πάλι
ἀπ᾿ τήν πληγή
τό ἀστείρευτο ἄσμα.

XXII

᾿Απόψε ἡ νύχτα στάθηκε
ἀνάμεσα στήν ἐπαφή μας.

Ριγεῖς ἀγαπημένη
περιβλημένη
τ᾿ ἀργυρό ψύχος τῆς σελήνης.

῾Η σιωπή ἐπιπλέει στόν ἀέρα.
Τό δέος παραμονεύει
στήν ἄκρη τῶν ματιῶν
καί τῶν δακτύλων μας.

῎Εντρομο πουλί
τό φιλί μας
νωπό ἀκόμη
ρωτάει:

Wie kann die Erde
Soviel Glück
In ihren Händen halten?

Ein Stein wird das Glas
Der Stille springen lassen.
Und die Erschütterung wird
Ihr blasses Gesicht
In ihre nachdenkliche Hand neigen.

Erschöpft sind meine Rosen
Bevor der Bruch erscheint
Bevor wieder hervorquillt
Aus der Wunde
Das unerschöpfliche Lied.

XXII

Heute abend stockte die Nacht
In unserer Berührung.

Du schauderst Geliebte
Eingehüllt
In die silberne Kälte des Mondes.

Das Schweigen schwimmt in der Luft.
Bange Ahnung lauert
In unseren Augenwinkeln
Und Fingerspitzen.

Erschrockener Vogel
Unser Kuß
Noch frisch gepflückt
Fragt er:

Ἀγάπη, γιατί ἦρθες;
Ἄν φύγεις, ἀγάπη;

Ἐμεῖς σέ ντύσαμε
μ' ὅλο τόν ἥλιο
μ' ὅλη τήν καρδιά μας
κι ὅταν θά χάνεσαι
στοῦ δρόμου τή στροφή
θά χάνονται μαζί σου
— σκόνη χλωμή πίσω ἀπ' τό βῆμα σου
τ' ἀστέρια τά πουλιά καί τ' ἄνθη.

Ὅλα τά δώσαμε σέ σένα.
Τίποτα δέν κρατήσαμε γιά μᾶς.

Θά μείνουμε μονάχοι
μ' ἀπλωμένα χέρια
— μιά καρφωμένη ἐπίκληση
νά σέ φωνάζει
καί ν' ἀκούει τήν κραυγή της.

Ἡ γεύση τ' οὐρανοῦ ταλαντεύεται
κι εἶναι τόσο πικρή ἡ χαρά μας
σά νά 'χει φύγει καί νά τήν καλοῦμε.

Γερμένοι
στήν ἀνθισμένη βάρκα
βρέχουμε τά δάχτυλα
στήν ἀνήσυχη θάλασσα
νιώθοντας ὡς τά βάθη μας
τό ρίγος τῆς αἰώνιας διάρκειας.

Τό φῶς ἀναθρώσκει
ἀπ' τούς χρυσούς κυματισμούς
τοῦ σκοτεινοῦ πελάγους.

Liebe, warum kamst du?
Ob du auch weggehst, Liebe?

Wir haben dich gekleidet
Mit der ganzen Sonne
Mit unserm ganzen Herzen
Und wenn du verloren gehst
An der Straßenbiegung
Gehen mit dir verloren
– blasser Staub hinter deinen Schritten
Die Sterne die Vögel und die Blüten.

Alles das haben wir dir gegeben.
Nichts behielten wir für uns.

Wir werden allein bleiben
Mit ausgestreckten Händen
- ein angenagelter Aufruf
Daß man dich ruft
Und seinen Schrei hört.

Der Geschmack des Himmels schwankt
Und so bitter ist unsere Freude
Als wäre sie entschwunden
Und wir riefen sie.

Gelehnt
In den blütengeschmückten Kahn
Netzen wir die Finger
Im unruhigen Meer
Und fühlen bis in unsere Tiefe
Den Schauder der ewigen Dauer.

Das Licht steigt auf
Von den goldenen Wogenkämmen
Der dunklen See.

Ὁ δρόμος τοῦ χάους
φωσφορίζει ἀνοιχτός
κι ἡ βάρκα χαράζει
τόν ἀνεπίστρεπτο ἀφρό.

Ἀφήνομαι
στόν κρυμμένο ρυθμό.
Μή μέ ξυπνήσεις.
Ἔμπιστος
δίχως καμιάν ἐξουσία
στήν ἐξουσία τοῦ αἵματος
θά κοιμηθῶ
ἐνῶ τά ρόδα τῶν χεριῶν σου
θ' ἀγρυπνοῦν στούς ὤμους μου.

Μέσα στόν ὕπνο μου θ' ἀκούω
τῶν ἱστίων τό πλατάγισμα
καί τίς ἀνάσες τῶν ἀνέμων.

Ἀντίκρυ
ἕνας ἀμίλητος Θεός
ἤρεμος θά κωπηλατεῖ
καί στά μαλλιά του θά σπιθίζουν
θρύμματα διαμαντιῶν
οἱ ὠχρές ρανίδες
τοῦ φεγγαριοῦ
καί τοῦ νεροῦ.

Μή μέ ξυπνήσεις.

Γιατί ν' ἀντισταθοῦμε;
Τί κερδίσαμε
τόσα χρόνια πού ἀτίθασοι ὁδεύαμε
ἀντίθετα στό κύμα;

Die Bahn des Abgrunds
In hellem Phosphorisieren
Und das Boot zeichnet ein
Den unwiederbringlichen Schaum.

Ich überlasse mich
Dem verborgenen Rhythmus.
Wecke mich nicht.
Ohne jede Macht
Der Macht des Blutes
Vertrauend
Werde ich schlafen
Während die Rosen deiner Hände
Auf meiner Schulter wachen.

In meinem Schlaf werde ich
Das Klatschen der Segel hören
Und das Atmen der Winde.

Gegenüber wird
Ein sprachloser Gott
Ruhig rudern
Und in seinen Haaren werden
Diamantenstückchen funkeln
Die fahlen Tropfen
Des Mondes
Und des Wassers.

Wecke mich nicht.

Warum sollen wir Widerstand leisten?
Was gewannen wir in soviel Jahren
Wo wir trotzig unsern Weg zogen
Entgegen den Wellen?

Μονάχα ὁ μόχθος ἔμενε
ὁ ἀγαπημένος μόχθος
γιατί δέν εἴχαμε ἄλλο ν' ἀγαπήσουμε.

Ἄς κοιμηθοῦμε
στήν ἀνθισμένη πλώρη
δίχως ὄνειρο.

Τό κύμα γνωρίζει
πιό βαθιά ἀπ' τή γνώση μας
τό σκοπό μας πού λάμνει
μέσα στόν ἴδιο ἀτέρμονο σκοπό Του.

XXIII

Ἡ ἐσθήτα τῆς βραδιᾶς μενεξεδένια
μέ μιά λεπτή χρυσή παρυφή
στό μακρύ κράσπεδο
περνάει σαρώνοντας
τά πεθαμένα φιλιά μας
κι ἀγγίζοντας
τά λευκά γόνατά σου.

Στούς αὐλούς τῶν ὀστῶν μας
ἐκπνέει ὁ τελευταῖος
φλοῖσβος τοῦ ἥλιου.

Ἀναπαυμένοι
σέ μιάν ὕφεση θάμβους
καί τρυφερότητας
ἀκοῦμε
κάτω ἀπ' τό δέρμα μας
τούς μακρινούς βόμβους τῶν ρόδων
πού ἀνασυγκροτοῦνται.

Nur die Anstrengung blieb
Die geliebte Anstrengung
Denn wir hatten nichts anderes zum Liebhaben.

Laß uns schlafen
Im blütengeschmückten Bug
Ohne Traum.

Die Welle weiß
Tiefer als unser Wissen ist
Unser Ziel zu dem sie treibt
In Gottes eigenem unendlichen Ziel.

XXIII

Der veilchenblaue Rock des Abends
Mit einem zarten Goldsaum
An der langen Borte
Zieht vorbei und fegt
Unsere toten Küsse fort,
Und berührt
Dein weißes Knie.

Aus den Röhren unserer Knochen
Entweicht das letzte
Rauschen der Sonne.

Ausruhend
In einem Nachlassen des Glanzes
Und der Zärtlichkeit
Hören wir
Unter unserer Haut
Das ferne Summen der Rosen
Die wieder geordnet werden.

Ὁ γαλάζιος ἀγέρας
ξεφτάει ἀπ' τή σάρκα σου
τά ἴχνη τῶν ἡδονικῶν σκιῶν
κι ὑψώνεσαι ἀσημένιο ποίημα
στή γονατισμένη ἀφή μου.

Μέσα στόν ἴσκιο μαντεύουμε
διάφανα ἱστία
νά περνοῦν καί νά χάνονται
καί νά ἐπιστρέφουν
στήν κυανή ἀσάφεια
τῶν ἐκπορθημένων σπασμῶν μας.

Ἕνα διάλειμμα λευκότητας
προσφερμένο στήν προσευχή.

Κρυώνεις;
Τά φύλλα θρόισαν.
Τυλίγεις τό γυμνό σου τράχηλο
μέ τήν ἐσάρπα μιᾶς χλωμῆς ἀνταύγειας
καί προσηλώνεσαι στούς βυθούς.

Ἀποσπῶνται οἱ κάλυκες
ἀπ' τό βέβαιο μίσχο
πληρώνοντας τό χῶρο
μέ φτερά καί πικρία.

Ἡ σιωπή κατεσπαρμένη
δακρύζει τά μαλλιά σου.

Ὅμως ἡ ἀόρατη θάλασσα
παφλάζει ἀκόμα
κι ἀκοῦμε πάλι ἐντός μας
τούς βόμβους τῶν ρόδων
πού ἀνασυγκροτοῦνται.

Der blaue Lufthauch
Streift von deinem Körper
Die Spuren der lustvollen Schatten
Und wie ich dich knieend umfasse
Wirst du erhoben zu einem silbernen Werk.

In dem Schatten erahnen wir
Durchscheinende Segel
Die ziehen und sich verlieren
Und wiederkehren
In die blaue Verhangenheit
Unserer verwehten Umarmungen.

Ein Schwinden der Helligkeit
Dargeboten dem Gebet.

Frierst du?
Die Blätter rauschten.
Um deinen bloßen Nacken legst du
Die Schärpe eines blassen Widerscheins
Und widmest dich der Versenkung.

Es trennen sich die Knospen
Vom sicheren Stiel
Und füllen den Platz
Mit Flügeln und Bitternis.

Das Schweigen
Betränt dein Haar.

Jedoch das grenzenlose Meer
Braust noch immer
Und wir hören wieder in uns
Das Summen der Rosen
Die wieder geordnet werden.

XXIV

Ἡ δεσποτεία τῆς νύχτας
πάνω στά μέτωπά μας καί στούς δρόμους.

Τοῦ χεριοῦ σου ἡ λευκότητα
θαμπώνει καί δύει
στή γαλανή διαφάνεια τῶν σκιῶν
— κρίνος χλωμός πού βυθίζεται
σέ βραδινά νερά.

Ποῦ 'ναι τά λόγια μας κι οἱ αὐγινές μας ὑποσχέσεις
μέ τήν ἐξαίσια εἰλικρίνεια τῆς βλάστησης;

Ἡ ἀφή μας κουρασμένη
κοιμᾶται δίχως ὄνειρο
κι οὔτε μιά πρόφαση μᾶς μένει
ν' ἀναζητήσουμε τά μάτια μας πίσω ἀπ' τόν ἴσκιο.

Ἀκοῦμε τή σιωπή νά βηματίζει
λαθραῖα κι ἀδέξια
στό ἐξατμισμένο δῶμα
ν' ἀγγίζει
τά σκονισμένα ἔπιπλα
πού δέ θέλουν πιά νά ἐνθυμοῦνται
νά ἐρευνᾶ τίς ἀνοιχτές ντουλάπες
ὅπου πεθαίνουν σκοτεινά
τ' ἄνθινα ἐνδύματα
τῶν ἐαρινῶν μας ὄρθρων.

Ὁ γλαυκός πέπλος
τοῦ Μαΐου
μυρωμένος ἀκόμη ἀπ' τά στήθη σου
— πάχνη λυπημένη διαρρέει
στήν κρεμάστρα τοῦ διαδρόμου.

XXI

Die Tyrannei der Nacht
Auf unseren Stirnen und auf den Straßen.

Das Weiß deiner Hand
Leuchtet und versinkt
In der blauen Transparenz der Schatten
– eine blasse Lilie die
In abendliche Wasser taucht.

Wo sind unsere Worte und die Versprechen am Morgen
Mit der besonderen Aufrichtigkeit des Aufblühens?

Unser Berühren ist ermüdet
Es schläft ohne Traum
Kein Vorwand bleibt uns
Hinter dem Schatten
Unsere Augen wieder zu suchen.

Wir hören das Schweigen
Heimlich und ungeschickt
Ins entseelte Gemach gehen
Und die bestaubten Möbel
Berühren
Die nicht wollen daß man sich ihrer erinnert
Daß jemand forscht in den offenen Schränken
Wo im Dunkeln
Die Blumengewänder
Unserer Frühlingsmorgen dahinsterben.

Der hellblaue Schleier
Des Mai
Duftend noch von deiner Brust
- trauriger Reif durchzieht
Das im Flur hängende Kleid.

Ἄκου τίς ὁπλές
τῶν μαύρων ἀλόγων
ἔξω στό λιθόστρωτο τῆς νύχτας.

Περνοῦν .τούς νεκρούς μας.

Μή σηκωθεῖς
νά κοιτάξεις ἀπ' τό παράθυρο.
Πρός τί μιά κίνηση
ἀφοῦ γνωρίζουμε;
Μονάχα γιά νά ρυτιδώσεις
τήν ἀσάλευτη ὥρα
καί νά σωπάσει ἐπιτέλους
ἡ σιωπή;

Ἡ σιωπή φωνάζει
πιό βαθιά
ἡ σιωπή προδίδει τά λόγια μας.

Ράκη στίχων ἀνεμίζονται
στίς ρωγμές τῶν φιλιῶν μας
– μιά σημαία
πάνω ἀπ' τό θάνατο.

Ὁ ἀποχαιρετισμός πλησιάζει.

XXV

Κοίταξε πέρα
ἡ χιονισμένη κορυφή
λαμπρή καί σιωπηλή
μοῦ νεύει
λευκό μαντίλι εἰρήνευσης.

Höre die Hufe
Der schwarzen Pferde
Draußen auf dem Pflaster der Nacht.

Sie führen unsere Toten vorbei.

Stehe nicht auf
Um aus dem Fenster zu sehen.
Wozu eine Bewegung
Nachdem wir doch wissen?
Nur damit du der unbewegten Stunde
Sorgenfalten machst
Und du vollends das Schweigen
Zum Schweigen bringst?

Das Schweigen ruft
Noch tiefer
Das Schweigen verrät unsere Worte.

Fetzen von Versen flattern
An den Scherben unserer Küsse
– eine Fahne
Über dem Tod.

Der Abschied naht.

XXV

Schau dort drüben
Der schneebedeckte Gipfel
Glänzend und still
Winkt mir
Ein weißes Tuch werdenden Friedens.

Ἡ ὁμιλία τῆς μοναξιᾶς
περνάει τά παγωμένα δάχτυλά της
στό μέτωπό μου
ζητώντας νά σφετεριστεῖ
τό ὕστερο μύρο
τοῦ κήπου μας.

Ἐκεῖ πάνω μοῦ τάζουν
τήν ἀσφάλεια τοῦ νεκροῦ
ἐκεῖ μοῦ προσφέρουν
ὠχρούς ἀνθούς
γιά τά ξεφυλλισμένα χέρια.

Ὄχι. Ὄχι.
Δέ θέλω νά φύγω.
Κράτησέ με.

Φοβοῦμαι σιμά σου
κι ὅμως ἀγαπῶ τό δέος μου.

Στόν πλατύ ἐρημωμένο κάμπο
οἱ γυμνές λεῦκες
ὑψώνουν τούς κλώνους τους
σ' ἕναν ἄλλο οὐρανό
— ἀναιμική προσευχή.

Ν' ἀκινητεῖς
γιά νά κοιτᾶς τήν κίνηση;
Ὄχι.
Κράτησέ με.

Ποῦ 'ναι τό χέρι σου;
Στό δέρμα σου ψαύω
τήν ψύχρα τῆς ἑσπέρας
τά βήματα τῶν ἐξορίστων.

Die Rede der Einsamkeit
Streckt ihre gefrorenen Finger
Zu meinem Gesicht
Und möchte
Die letzte Essenz
Unseres Gartens an sich reißen.

Hier auf mir geloben sie
Die Sicherheit des Toten
Hier bieten sie mir
Bleiche Blüten an
Für die entblätterten Hände.

Nein. Nein.
Ich will nicht gehen.
Halte mich.

Neben dir fürchte ich mich
Und dennoch liebe ich meine bange Ahnung.

Im weiten verlassenen Feld
Erheben die nackten Silberpappeln
Ihre Zweige
In einen anderen Himmel
– blutleeres Gebet.

Sollst du anhalten
Um die Bewegung zu sehen?
Nein.
Halte mich.

Wo ist deine Hand?
Auf deiner Haut erfühle ich
Die Kälte des Abends
Die Schritte der Verbannten.

Ἄ, πάλι ὁ γέρος
περνάει σκυμμένος
κάτω ἀπ' τή βροχή.

Μπροστά στόν καθρέφτη μας
ἡ σκιά χτενίζει
τήν πένθιμη κόμη της.

Ἀλήθεια
ποιός ἐπήδησε ποτέ
τήν ἄβυσσο;
Ποιός ἔδεσε γιά πάντα
τίς ἄκρες τοῦ ὁρίζοντα;

XXVI

Μᾶς ἄγγιξε ψυχρό
τό φθινοπωρινό λυκόφως.

Χλωμό τό φῶς ἀργεῖ
— λησμονημένη προτομή ποιητῆ
σ' ἐγκαταλελειμμένο πάρκο.

Πῶς ἐρημώθηκε ὁ τόπος.
Τά ἐξοχικά κέντρα κλεισμένα.
Ἀπ' τά σπασμένα τζάμια τους
περνοδιαβαίνουν οἱ ἄνεμοι
σφυρίζοντας
στίς ἄδειες φιάλες
καί στά κατάκοπα πολύφωτα.

Μέσα στό δάσος
οἱ ἔρημοι πάγκοι
συνομιλοῦν μυστικά

Ach, wieder der Alte
Der vorbeigeht
Gekrümmt unterm Regen.

Vor unserem Spiegel
Kämmt der Schatten
Seine Trauermähne.

Wahrlich
Wer hat jemals
Den Abgrund übersprungen?
Wer band für immer
Die Enden des Horizonts?

XXVI

Uns hat das herbstliche Zwielicht
Kalt angefaßt.

Blaß zögert das Licht
- vergessene Dichterbüste
Im verlassenen Park.

Wie ist der Ort vereinsamt.
Geschlossen die Gartenlokale.
Durch ihre geborstenen Scheiben
Gehn Winde ein und aus
Sie pfeifen
An leeren Flaschen
Und ermatteten Kronleuchtern.

Im Wald unterhalten sich
Einsame Bänke
Geheimnisvoll

μέ τά πεσμένα φύλλα
καί μέ τούς ἴσκιους.

Ἐδῶ κι ἐκεῖ ἀπομένουν
τά μαῦρα σημάδια
κι οἱ στάχτες
ἀπ' τίς φωτιές πού ἀνάβαν
χαρούμενα παιδιά
τά βράδια τοῦ θέρους.

Λίγο πιό κάτω
ἡ θάλασσα θαμπή
ξεδιπλώνει τά ρίγη
τοῦ ἀτελεύτητου δέους.

Νεκρά
τά φωτεινά κορμιά
τῶν ἐφήβων
λιώνουν κάτω ἀπ' τά φύκια.

Στήν ἀμμουδιά περνοῦν
σκυφτές κάτω ἀπ' τό σούρουπο
μαυροντυμένες γριές
γυρεύοντας τά ἴχνη
τῶν πνιγμένων παιδιῶν τους
καί τ' ἀπορρίμματα τῆς θύελλας.
Ποῦ μοιράσαμε τόν ἥλιο;

Στό ἄνοιγμα αὐτό τοῦ δάσους
φτάνουν τή νύχτα
τά φοβισμένα ἐλάφια
καί κοιτάζουν μέ μάτια νωπά
τήν κίτρινη σελήνη τοῦ Νοεμβρίου.

Πόσα μάτια μᾶς βλέπουν.
Δέν ὠφελεῖ νά κρυφτοῦμε.

Mit gefallenen Blättern
Und Schatten.

Hier und da blieben
Die schwarzen Merkmale
Und Aschen
Der Feuer, angemacht
Von fröhlichen Kindern
An Sommerabenden.

Etwas weiter unten
Breitet das glänzende Meer
Den Schauder aus
Von ungelöster Angst.

Tot
Die hellen Leiber
Der Epheben
Sie lösen sich unter den Algen.

Am Strand gehen vorüber
Gebeugt unter der Dämmerung
Schwarzgekleidete Alte
Die suchen die Spuren
Ihrer ertrunkenen Kinder
Und was der Sturm ausgeworfen hat.
Wo verteilten wir die Sonne?

Hier in der Lichtung des Waldes
Erscheinen des Nachts
Die schreckhaften Hirsche
Und schauen mit feuchten Augen
Hin zum gelben Novembermond.

Wieviele Augen uns sehen.
Es nützt nichts uns zu verstecken.

Θά μᾶς βροῦνε τά μάτια μας
πού ξύπνησαν
μόλις ἀποκοιμήθηκε τό δέρμα μας.

Ἔρχεται ἡ νύχτα.
Μιά σιωπηλή ἀστραπή
ρυτιδώνει χαμηλά
τόν ὁρίζοντα.
Παντοῦ σαλεύουν
ἀποχαιρετισμῶν μαντίλια.

᾽Ακοῦμε τό βῆμα τῆς ὁμίχλης
στούς ἔρημους δρόμους.

Ὁ θάνατος κατασκοπεύει.
Κοιτάει ἀπ᾽ τό φεγγίτη
τήν κουρασμένη λάμπα μας
κρύβεται κάτω ἀπ᾽ τήν κλίνη μας
κι ἑτοιμάζει φλογέρες μέ τά κόκαλα
τῶν πεθαμένων χελιδονιῶν.

(Μή τάχατε ὅλες οἱ φλογέρες
δέν ἔχουν γίνει
μέ κόκαλα πουλιῶν;)

Γιατί ἀργοῦμε;
Μιά σειρήνα θά σφυρίξει
τά μεσάνυχτα
κι ἡ ἀποδημία πού δίσταζε
θ᾽ ἀκολουθήσει τούς γερανούς.

Ὁ ἥλιος μέ φωνάζει.

Unsere Augen
Die wachlagen
Werden uns finden
Sobald unsere Haut eingeschlafen ist.

Es kommt die Nacht.
Ein lautloser Blitz
Furcht niedrig
Den Horizont.
Überall schwingen
Abschiedstücher.

Wir hören den Schritt des Nebels
Auf den leeren Gassen.

Der Tod spioniert.
Er blickt durch die Dachluke
Auf unsere ermattete Lampe
Versteckt sich unter unserem Lager
Und bereitet Hirtenflöten
Aus den Knochen toter Schwalben.

(Sind denn nicht alle Hirtenflöten
Aus Vogelknochen entstanden?)

Warum verspäten wir uns?
Eine Sirene wird heulen
Um Mitternacht
Und das Wegziehen das noch zögerte
Wird den Kranichen folgen.

Die Sonne ruft mich.

XXVII

Ξημερώνει.
Ἡ ἀχλύ παραμερίζει.
Τά πράγματα
σκληρά λαμπερά κι ἀδιάψευστα.

Πόσους μῆνες κοιμηθήκαμε.
Ξεχασμένοι ξεχαστήκαμε
σ' ἕνα θάμβος πυκνό
ἀπό νύχτα κι ἀπό ἥλιο.

Δέν κλαίω
γιατί ὁ ὕπνος μ' ἀρνήθηκε.
Πίσω ἀπ' τόν κῆπο μας
ὑπάρχουν κι ἄλλοι κῆποι.

Ὁ θάνατος ὑψώνει
σκαλί σκαλί τή σκάλα
πού πάει στόν οὐρανό.

Φεύγει τό θέρος
μά τό τραγούδι μένει.

Ὅμως ἐσύ πού δέν ἔχεις φωνή
ποῦ θά σταθεῖς ν' ἀπαγκιάσεις;
Πῶς θά σμίξεις τό φῶς μέ τό χῶμα;

Ἄνοιξε τά παράθυρα
νά μπεῖ τό φῶς
ἡ ἀτίθαση ριπή τοῦ ἀνέμου
τό ἀψύ χνῶτο
τῶν μεγαλόπρεπων βουνῶν.

Κοίτα
χαμογελάει τό ἀνεξάντλητο

XXVII

Der Tag bricht an.
Der Nebel verteilt sich.
Die Dinge
Hart hell und untrügerisch.

Wieviele Monate haben wir geschlafen.
Vergessen vergaßen wir
In einem blendenden dichten Gewölk
Aus Nacht und Sonne.

Ich weine nicht darüber
Daß der Schlaf mich verneint hat.
Hinter unserem Garten
Gibt es noch andere Gärten.

Der Tod erhöht
Stufe für Stufe die Leiter
Die zum Himmel führt.

Der Sommer vergeht
Aber es bleibt das Lied.

Du aber die du keine Stimme hast
Wo wirst du dich windgeschützt hinstellen?
Wie wirst du das Licht mit der Erde mischen?

Öffne die Fenster
Damit das Licht hereinkommt
Der widerspenstige Windstoß
Der beißende Hauch
Der prächtigen Berge.

Schau
Es lächelt das Unerschöpfliche

μπροστά στά σταυρωμένα χέρια.
Λύσε τά χέρια.

Ἄνοιξε τά παράθυρα
νά δεῖς τό σύμπαν ἀνθισμένο
μ᾽ ὅλες τίς παπαροῦνες τοῦ αἵματός μας
— νά μάθεις νά χαμογελᾶς.

Δέ βλέπεις;
Καθώς ἀπομακρύνεται ἡ ἄνοιξη
πίσω της ἔρχεται ἡ νέα μας ἄνοιξη.

Νά τος ὁ ἥλιος
πάνω ἀπ᾽ τίς μπρούντζινες πολιτεῖες
πάνω ἀπ᾽ τούς πράσινους ἀγρούς
μές στήν καρδιά μας.

Νιώθω στούς ὤμους
τό βαθύ μυρμήγκιασμα
καθώς φυτρώνουν
ὅλο πιό νέα καί πιό μεγάλα
τά φτερά μας.

Ὕψωσε τά ματόκλαδα.

Ἀστράφτει ὁ κόσμος
ἔξω ἀπ᾽ τή λύπη σου
φῶς κι αἷμα
τραγούδι καί σιωπή.

Καλοί μου ἄνθρωποι
πῶς μπορεῖτε
νά σκύβετε ἀκόμη;
Πῶς μπορεῖτε
νά μή χαμογελᾶτε;

Vor den gefalteten Händen.
Löse die Hände.

Öffne die Fenster
Daß du das Weltall siehst
Erblüht mit all den Mohnblumen
Unseres Blutes
– damit du lernst zu lächeln.

Siehst du nicht?
So wie sich der Frühling entfernt
Kommt nach ihm unser neuer Frühling.

Da – die Sonne
Auf den bronzenen Städten
Auf den grünen Äckern
In unserem Herzen.

Ich spüre an den Schultern
Die tiefe Unruhe
Indem sie wachsen
Viel jünger und größer -
Unsere Flügel.

Schlage die Wimpern hoch.

Es strahlt der Kosmos
Außen vor deiner Trauer
Licht und Blut
Gesang und Schweigen.

Ihr guten Menschen
Wie könnt ihr
Noch gebückt gehen?
Wie könnt ihr
Versäumen zu lächeln?

'Ανοῖχτε τά παράθυρα.

Νίβομαι στό φῶς
βγαίνω στόν ἐξώστη
γυμνός
ν' ἀναπνεύσω βαθιά
τόν αἰώνιο ἀγέρα
μέ τ' ἁδρά μύρα
τοῦ νοτισμένου δάσους
μέ τήν ἁλμύρα
τῆς ἀπέραντης θάλασσας.

'Αστράφτει ὁ κόσμος
ἀκούραστος.
Κοιτάχτε.

'Αθήνα-Πάρνηθα 1937-1938

Öffnet die Fenster.

Ich bade im Licht
Ich trete hinaus auf den Balkon
Nackt
Um tief zu atmen
Die ewige Luft
Mit den reichen Düften
Des benetzten Waldes
Mit dem Salzhauch
Des unermeßlichen Meers.

Es strahlt der Kosmos
Unermüdet.
Schaut nur.

Athen – Parnitha 1937 – 1938

Zur Person:

Dr. Christian Greiff wurde 1932 in Görlitz geboren. Nach dem Besuch
der humanistischen Gymnasien in Danzig, Coburg und Wiesbaden Studium
der Jurisprudenz in Marburg und Frankfurt a. M., Promotion in München.
Acht Jahre Tätigkeit als Zivilrichter in Darmstadt und Kassel, dann für
26 Jahre entsandt zum Dienst beim Generalsekretariat der NATO in Brüssel.
Verheiratet, drei Kinder. Pensioniert als Richter am OLG Frankfurt.
Wohnsitz in Dießen am Ammersee.

Veröffentlichungen, soweit auf griechische Lyrik bezogen:

„Orpheusmelodie", Griechische Lyrik aus drei Jahrtausenden
in neuer Übersetzung,
1. Auflage im Verlag Kunst und Alltag, München 1996,
2. Auflage im Verlag Books on Demand, Norderstedt, 2009

„Weiter Stein – Weites Herz", Moderne griechische Poesie, neu übersetzt
zusammen mit Kostas Gianakakos, Babelverlag, München 2002

„mit der Seele suchend, Erlebnis Griechenland", Babelverlag, München 2006.

IBYKOS

um 530 vor Chr.

Frühling ist's wenn reich bewässert
Kydons Apfelbäume blühn,
Wasser führen alle Gräben,
Wo der Nymphen stiller Garten
Unberührt der Mädchen wartet.
Rebenblüte reift im Schatten
Jungen Weinlaubs zart heran.